Erster Druck, Deutsch: September 2023

Zweiter überarbeitete Druck, mit Deutsch-Korrekturen von Margit Christen-Fuchs: November 2024

Zweiter überarbeitete Druck, Niederländisch: November 2024

Vorwort

Geschätzte Leser und Leserinnen:

Dieses Buch habe ich geschrieben um aufzuzeigen wie eine gesunde Psyche funktioniert und wie wir uns, trotz den üblichen Problemen und Entwicklungsstörungen, zu eine selbstsichere Persönlichkeit entwickeln können. Es umschreibt einen Weg zur eigenen Selbstverwirklichung.

Mein Ziel war es, eine Methode zu entwickeln, welche, mit einer wissenschaftlich korrekten Vorstellung des Menschen und seinem Gehirn, Probleme entdeckt, untersucht und auch nachhaltig löst. Zu meiner Freude ist dies überzeugend gelungen.

Dieses Buch schreiben war ein Prozess für sich und ist das Endprodukt von 40 Jahren erforschen, voller Auseinandersetzungen, Beobachtungen und Erfahrungen mit sowohl mir selber als auch mit vielen hunderten von Menschen u.a. in meiner langjährigen Tätigkeit als Physiotherapeut.

Es ist ein logisch nachvollziehbares Problemlösungsprozess entstanden, welches für mich selber hervorragend funktioniert. Vielleicht auch für Sie?

Zumindest sollte dieses Buch eine Anregung sein für jeden, der gerne bereit ist sich mit einem frischen Blick, erneut mit sich selber auseinander zu setzen.

Der Humor, das leicht nachvollziehbare und klare Denken, die Vollständigkeit, die Illustrationen und die Wortwahl dieses Buches helfen hoffentlich mit, diese Materie gut zu verstehen und umzusetzen zu können.

Ein grosses Dankeschön geht an Margrit Christen-Fuchs für ihre Arbeit, meine holländisch deutsche Rechtschreibung in Deutsch zu verwandeln. Zudem für die vielen anregenden Gespräche und Feedbacks.

Das Resultat macht mich froh und glücklich.

Ich wünsche Ihnen viele interessante Auseinandersetzungen und Erfolg bei der Umsetzung!

Mit freundlichem Gruss,

Bart Schoneveld

Kritische Note: Der Inhalt dieses Buches sollte von Menschen mit ernsthaften psychiatrischen Krankheiten nur unter Begleitung einer Fachperson der Psychiatrie angewendet werden.

Haben Sie Lust zu reagieren? : hihep.bs@gmail.com

Inhaltsverzeichnis:

Teil 1: Die Illusion von «Echt»

Einführung

Seit Jahrtausenden versucht die Menschheit in der Realität zurecht zu kommen.
Trotz enormer Unterschiede, scheinen die Ziele immer gleich:
- Ein Versuch sich einen Platz in der Gesellschaft zu verschaffen,
- sich anerkannt und in Sicherheit zu wähnen,
- sich selber, seine Mitmenschen und sein Umfeld zu verstehen
- und die eigenen Grund-Bedürfnissen zu befriedigen.

Bis jetzt ist dies, trotz tausenden von Göttern, esoterischen Glaubensrichtungen, Kulten, Kulturen und Lebensphilosophien nur beschränkt gelungen.
Mit Kampf, Konflikten, Streit, Krieg, Ausschluss, Komplexen und vielen Missverständnissen als Nebenschaden schlagen sich die Menschen seit jeher herum.

Wieso hat es nie geklappt, Probleme konstruktiv für alle Beteiligte zu lösen?
Auf welchem Problemlösungs-Weg sind wir eigentlich?
Und gäbe es auch einen anderen Weg, die wir einschlagen könnten?

Ich wollte es wissen und sammelte Jahrzehnte lang Selbst-Erfahrungen, sprach mit hunderten von Menschen aus allerlei Kulturen, Glaubensrichtungen und Schichten der Bevölkerung und beobachtete menschliches Verhalten in vielen Kontexten.

Die logische Philosophie des Problemlösens:

Damit ein soziales Problem definitiv gelöst werden kann, braucht es zuerst eine korrekte Diagnose.
Damit eine korrekte Diagnose gestellt werden kann, braucht es zuverlässige Messungen.
Damit zuverlässige Messungen gemacht werden können, braucht es zuverlässige Instrumente.
Damit zuverlässigen Instrumente entwickelt werden können, und Messwerte korrekt gedeutet werden können, braucht es eine realistische Vorstellung von Realität

Diese Vorstellung von Realität bestimmt alles:
Sie ist der Kontext in dem wir analysieren und untersuchen,
Sie ist die Logik womit wir alles erleben, erklären und beurteilen.
Sie ist die Struktur indem wir alles einordnen.

Realität ist allmächtig und überall. Sie ist unser «Echt»

Aber was ist eigentlich Realität? Was ist eigentlich Echt?

Wenn ich ein Problem habe und es klappt nicht, es wirklich zu lösen,
wo ist es dann schief gegangen?
- Vielleicht ist meine Lösung/Therapie nicht die Richtige?
- Vielleicht ist meine Analyse falsch
- Oder ich meine Fakten stimmen nicht
- Oder meine Methode von Fakten-Sammlung stimmt nicht
- Oder mein Grundannahmen von «Realität» stimmen nicht....

Ich ging auf die Suche nach Antworten und fand ein logisches Menschbild und ein passendes problem-lösungs-Model, welchen es ermöglichen, konstruktiv und nachhaltig, die eigenen Probleme zu lösen.

Dieses Buch umfasst die wichtigsten Erfahrungen, Überlegungen und Reflektionen über das Wesen welches mich am meisten interessiert und berührt: Der Mensch.
Wie er fühlt, denkt, glaubt, kreiert, erlebt und handelt sind meine grosse Faszination.

Unseren bisherigen Weg: «Glauben als Chef, mit dem Denken als Hilfsarbeiter», in Frage gestellt.

Der Kartoffel-Guru

Stelle dir vor, du hast keine Ahnung von Kochen.
Du bist noch nie in einer Küche gewesen
Hast noch nie jemandem beim Kochen zugesehen
Und hast nie Information bekommen, gehört, oder gelesen.

Du bist echt ein «Koch-Laie»

An einem schönen Tag im Herbst findest du einige Kartoffeln im Garten
Neugierig probierst du eine.

Bûûûûh........eklig hart!

Der Nachbar kommt vorbei und sieht dich kosten.
Er lacht über dein Gesicht als du reinbeisst.
"Du bist verrückt", sagt er zu dir.
"Kartoffeln müssen erst gesegnet sein von der Kartoffel-Göttin, bevor du sie essen kannst".

"Kartoffel-Göttin? " sagst du. "Noch nie davon gehört".

Der Nachbar gibt dir die Adresse von mir,
Weil ich bin «Der Kartoffel-Guru».

"Wie kann ich dir helfen mein Sohn? " sage ich mit tiefer Stimme, als du bei mir vorbeikommst.

Als Guru mache ich einen guten Eindruck.
Ich trage meinen Mantel, gemacht aus Kartoffel-Blättern. Trage einen Kartoffel-Hut.
Meine rechte Hand stützt sich entspannt auf einen Stab der aussieht wie die Kartoffelpflanze, oben darauf den unvermeidbaren goldenen Knopf in der Form einer Kartoffel.

"Oh Kartoffelguru, ich möchte Kartoffeln essen". "Wie sollte ich vorgehen? " sagst du schüchtern....

Ich lasse eine dramatische Stille fallen...

Dann erkläre ich dir, dass du einen Segen von der Kartoffel-Göttin brauchst und dass du diese bekommen kannst mittels eines Rituals:

- Mache ein Feuer.
- Stelle einen Topf mit Wasser und die Kartoffeln auf das Feuer.
- Lauf zum nächsten Verkehrskreisel und gehe 10 Runden um den Kreisel herum,
- während du das heilige Kartoffel-Lied singst.
- Anschliessend bietest du der Statue der Göttin einen Strauss mit Kartoffelblumen an.

Wenn du alles korrekt gemacht hast, gibt dir die Göttin ihren Segen und du kannst die Kartoffeln essen.

Du machst alles wie ich es dir gesagt habe und 45 Minuten später bist du zurück.

Was ist?

Ein Wunder ist geschehen!!!!
Die Kartoffeln sind weich geworden!

Zusammen geniessen wir sie in Dankbarkeit.

Herrlich...Ich liebe gekochte Kartoffeln!!!

Wenn du gleich tickst, wie der grösste Teil der Menschheit, was glaubst du dann nach dieser Erfahrung?

Genau:
Dass es eine Kartoffel-Göttin gibt...

und natürlich einen Kartoffel-Guru:

und dass bin natürlich, «Ich» 

Aber, wo wären wir, ohne Glauben?

Nichts ist sicher, und alles muss geprüft werden:

- Ich sehe eine grosse bewegende grüne Gestalt vor mir. Er öffnet seine Vorderseite. Ich sehe 2 Reihen an spitze Dingen in seiner offenen Vorderseite. Ich höre ein lautes Graulen. Er kommt langsam immer näher auf mich zu......

- Was ist es? Was soll ich machen? Vielleicht möchte es freundlich zusammen mit mir die Sonne geniessen?

- Ich bin unterwegs. Jeder Meter von der Strasse muss geprüft werden, ob sie wirklich hart genug ist um drüber zu fahren.
  Kannst du dir vorstellen wie viel Zeit du brauchen würdest, um einzukaufen?

- Und den grossen Schrank mit Rädern vor dem Haus, ist dies wirklich ein Auto?

- Kann ich essen, was meine Freundin mir auf meinem Teller geschöpft hat?
  Ist sie überhaupt meine Freundin?? Besser überprüfen!!

Schlussfolgen:

- Glauben = Etwas für wahr halten ohne objektive Überprüfung der messbaren Fakten.

- Glauben macht effizient im Alltag.

- Glauben ist eine notwendige Veranlagung, welche unser Überleben in der Natur ermöglicht und versetzt uns in die Lage in Höchstgeschwindigkeit ein Kontext, Bedrohungen, Nahrung usw. zu erkennen und effizient überlebungswichtige Entscheidungen zu treffen.

- Gleichzeitig hält der gleiche Glaube dich davon ab zu Hinterfragen und Erforschen.
  Weil: «Wieso etwas Erforschen, was ich schon glaube zu kennen??»

- Mit nur «Glauben», bleiben wir somit unwissend und handeln unüberlegt.

- Glauben ist ein sehr hilfreiches Instrument, welche Unmengen an Informationen effizient ein ordnen kann, jedoch sobald komplexere Fragen oder Problemen gelöst werden sollen, fördert eine «Glaubens-Lösung» eher die menschliche Phantasie, als das Erreichen einer messbar korrekten und gerechten Lösung für jeden Mensch als Individuum.

Wenn «Glauben» definiert wird als «Eine Annahme ohne objektive Überprüfung der messbaren
Fakten» und probiert wird ohne Überprüfung der messbaren Fakten, also mittels Glaubenssätze,
komplexeren Probleme zu lösen, dann ist dies wie «Fischen ohne richtige Angel, ohne zu wissen wo
die Fische leben und wie die Fische eigentlich aussehen».
Es entsteht ein chaotisches Suchen, ohne Wissen, mit oft einer Phantasie-volle Lösung am Ende.

Ein vererbtes unrealistisches Menschbild:

Fakten:

Von unserem Vorahnen haben wir kulturell die folgenden religiösen Vorstellungen übernommen in
Bezug auf wer wir sind als Mensch:

«Der Mensch ist ein erhabenes Wesen, anders als die Tiere um uns herum. Fast Göttlich»

Wikipedia meldet bezüglich 2010 die folgenden Zahlen:
- 31,5 % der Weltbevölkerung Anhänger des **Christentums**, womit es die größte Religionsgruppe
  weltweit ist.
- 23,2 % aller Menschen sind **Muslime**,
- 15,0 % sind **Hindus**,
- 7,1 % sind **Buddhisten**
- 0,2 % sind **jüdischen Glaubens**;
- 0,8 % sind Anhänger einer sonstigen Religion
- 5,9 % Anhänger einer ethnischen Religion (beispielsweise traditionelle afrikanische Religionen,
  chinesischer Volksglaube sowie lokale Religionen indigener Völker).
- Insgesamt 16,3 % der Weltbevölkerung gehören keiner Religionsgruppe an.

Folgen:

- Die Annahme, dass der Mensch etwas Erhabenes ist, macht es emotional betrachtet unmöglich,
  den Menschen objektiv zu untersuchen und verstehen zu können.

- Sie verhindert, den Menschen als beschränktes Wesen zu betrachten, zu analysieren und von
  aussen zu betrachten als ein (fehlerhaftes) System von Eigenschaften.

- Es verhindert die Analyse, zu unterscheiden nach welchen Regeln jede Eigenschaft funktioniert und
  sie in Frage zu stellen.

Logischerweise würden Probleme automatisch auftreten, wenn diese Grundannahme von
«Erhabenheit» nicht stimmen würde.

Wissenschaftliche Forschungen zeigen die folgenden messbaren Fakten auf:
- Das Leben auf der Erde und seine Natur sind entstanden über einen evolutionären Prozess von Millionen von Jahren.
- Der Grundstein für Leben ist das erbliche Material, welche sich ständig in kleinen Schritten ändert.
- Günstige Änderungen im erblichen Material werden mit der Zeit mittels natürlicher Selektion von den gesamten Populationen übernommen.

Wikipedia meldet:

Birkenspanner gelten als klassisches Beispiel für die Prinzipien der Evolution. Nun haben Forscher bestätigt, dass die Flügelfärbung dieser Schmetterlinge tatsächlich deren Überleben beeinflusst. Damit liefern sie erstmals einen experimentellen Beweis für einen schon lange postulierten Zusammenhang. Demnach war die natürliche Selektion verantwortlich dafür, dass die Falter in England der industriellen Revolution plötzlich vermehrt dunkle Flügel bekamen. Sie konnten sich so in der verschmutzten Umgebung besser vor Fressfeinden verstecken.

Birkenspanner sind das Paradebeispiel für die Evolution nach dem Prinzip der natürlichen Selektion. Die nachtaktiven Falter ruhen sich tagsüber meist am Stamm von Bäumen aus, wo sie durch ihre weiße, mit dunklen Punkten und Streifen durchzogene Färbung kaum auffallen. Sowohl auf der Rinde von Birken, aber auch auf mit hellen Flechten bewachsenen Stämmen anderer Arten bleiben sie für Fressfeinde unsichtbar. Seltene einfarbig dunkle Mutanten können sich dagegen schlechter tarnen.

Zu Beginn der industriellen Revolution hatten diese Exoten jedoch plötzlich einen Vorteil: Als in England überall Fabrikschlote aus dem Boden zu schießen begannen, setzte sich mehr und mehr Ruß auf der Rinde von Bäumen ab und durch die Luftverschmutzung verschwanden auch viele Flechten. Als Folge gerieten nun die weißen Falter ins Visier hungriger Vögel. Die dunkle Färbung setzte sich zunehmend durch – sie dominierte, bis die Luft wieder sauberer wurde.

Evolution und Natürliche Selektion. Beispiel wie weissen Schmetterlingen überleben damit sie Farbe ändern (Tekst und Photo: Wikipedia)

Die Menschheit:
Auch die Entwicklung bis zu der Menschheit selber ist weniger romantisch:
Affenarten welchen sich weiter entwickeln zum Mens-Affen-arten und am Schluss die Homo
Sapiens (seit vor 300.000 Jahren).
Genetisch betrachtet, hat ein Mensch für 98.7 % das gleiche erbliche Material wie ein Schimpanse.

Soweit ich verstanden habe, sollte die letzte genetische Änderung, welche sich durchgesetzt hat in
fast der gesamten Menschheit, die Toleranz für Tier-Milch sein (Laktose).
Diese genetische Änderung fand etwa vor 10.000 Jahren statt und erlaubten es den Menschen die
Überlebensstrategie zu wechseln: Von Nomaden in Gruppen (Jäger-Sammler) wurden sie zu
Landbauern und liessen sich in Dörfern und Städten nieder.

Die Vorstellung, dass der Mensch also etwas «Erhabenes» ist, ist also freundlich gesagt etwas
übertrieben...

Andersrum gedacht, ist der Mensch das einzige Tier, welches genügend Gehirn-Fähigkeiten hat,
neben technischen Lösungen, auch soziale und übernatürliche-Vorstellungen erstellen zu können
und sie, mittels Glaubens, als «Echt» zu erleben.

Nur den Menschen gelingt es, sich selber als «Erhaben» zu fühlen gegenüber den anderen Tieren.
Gleichzeitig jedoch, zeigt der gleiche Mensch sich als zu beschränkt, automatisch zu verstehen,
welche enorme Probleme als Nebenprodukt seines Glaubens entstehen würden.

Die Flexibilität der Menschheit im Denken

Der Mensch hat sich in den letzten Jahrtausenden als Erfinder von hundert-tausenden technischer
Gegenstände, Maschinen und Überlebungsstrategien erwiesen.
Es ist genau diese Veranlagung des Erfindens, was den Menschen deutlich unterscheidet von
anderen Tieren.

Etwas Neues erfinden ist nur möglich mit Hilfe von Phantasie, weil ich mir vorstellen muss, wie ein
Hilfsmittel aussehen müsste, oder wie eine Lösung funktionieren könnte.
Mittels der Phantasie ist es möglich, sich etwas vorzustellen, was (noch) nicht existiert.

Phantasie hat uns also viel Entwicklung gebracht.

Gleichzeitig, ist es genau diese Fähigkeit sich «nicht-existierende Sachen und Gegenstände vorstellen
zu können», welche zu Fragen und emotionale Instabilität führt.
Fragen wie «Wie funktioniert die Natur», «Wer/Was bin ich», «Was bedeutet ein Phänomen wie
Unwetter mit Blitz», «Was ist Feuer», «Was ist Echt», usw.

Als strukturelle Lösung für die Fragen und Instabilitätsgefühlen, wählten wir eine emotionale
Lösungsstrategie: «Religion»

Als Baustein für diese Lösungsstrategie wählten wir eine Fähigkeit welche wir nützen um im Alltag
effizient einzuordnen: die Fähigkeit «Glauben zu können»

Das Ziel von Religionen ist also das Erstellen von emotionaler Sicherheit und Struktur mittels
Glaubens.

Man muss nicht wundern, dass der Mensch, sobald es um Stabilität und Sicherheit geht, sehr
konservativ wird.

Ein schönes Beispiel von unserer konservativen Starre empfinde ich die äusserst langsame Änderung der Vorstellung unseres Sonnensystems mit der Erde im Mittelpunkt, zu einer mit der Sonne im Mittelpunkt.

Es brauchte «nur» 1800 Jahren und zeigt auf, wie ausserordentlich kreativ wir werden, damit wir ausserordentlich unkreativ unsere Glaubensätze aufrechterhalten können,

Die Annahme aus religiösen Gründen war, dass die Erde im Mittelpunkt vom Universum steht.
Als dann immer mehr und genauere Messungen gemacht wurde, wurde es immer schwieriger diese Annahme aufrecht zu erhalten.

Die Menschliche Lösung für dieses Problem war natürlich nicht, dass in Frage stellen der Grund-Annahme, sondern dass Suchen nach immer komplexeren Modellen welchen diese Annahme aufrechterhalten.

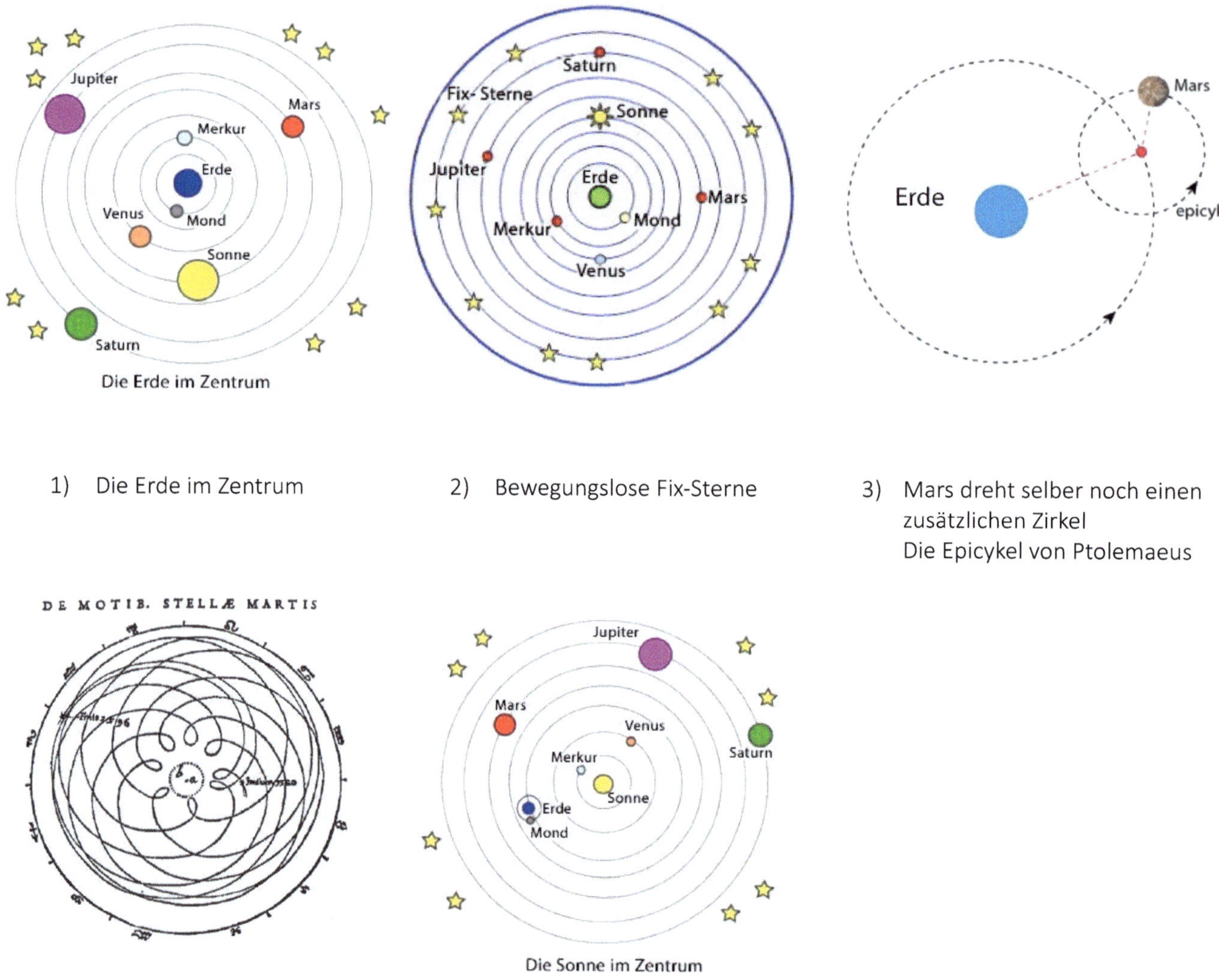

1) Die Erde im Zentrum

2) Bewegungslose Fix-Sterne

3) Mars dreht selber noch einen zusätzlichen Zirkel
    Die Epicykel von Ptolemaeus

4) Laufbahn von Mars

5) Die Sonne im Zentrum

Geocentrisches Weltbild zum Heliocentrisches Weltbild (300 v. Chr bis 1500 n.Chr)

Dieses Beispiel zeigt gut auf, wie der Mensch denkt: lieber ewig weiter machen im gleichen Modus, als den Modus zu wechseln.

Deshalb ist es für das effiziente Lösen von Problemen wichtig unsere konservative Neigung zu berücksichtigen:

-   Immer zuerst alle Brems-Faktoren eliminieren wie:
    Glauben, Hoffnung, Erwartung, Angst, Normen/Werten, Tabu, Moral. Sonst kann man nicht vorurteilslose Entscheide treffen.

-   Wenn alle Bremsfaktoren entfernt sind, wird erst die eigene Realität von innen erforscht und schematisch dargestellt,

-   dann folgt die Betrachtung von aussen auf das Konstrukt.

Die geglaubte Vorstellung von Realität:

Bis jetzt hat die Menschheit hauptsächlich «Gefühl und Glauben» als Grundgerüst für Realität gewählt, mit dem Glaubenssatz: «Ich spüre es, somit glaube ich, dass es Realität ist».

Wenn Gefühl und Glauben sich als unzuverlässigen Messinstrumenten zeigen, objektiv korrekt Realität dar zu stellen, erklärt dies sofort, wieso die Menschheit so ein Chaos kreiert.

Und sich so
hoffnungslos,
immer wieder,
im gleichen Kreis dreht....
Jeder für sich
und wir mit einander...

Drehen wir noch eine Runde...?... Oder probieren wir mal etwas Neues?

Teil 2: Unsere Realität neu untersucht
Diesmal rational

Einführung

Stellen wir unsere Realität erneut in Frage. Jedoch diesmal anders.
Natürlich nicht, wieder, mittels ein neues Glaubenssystem (Versuch Nummer 5001), sondern mittels einen anderen Grundgerüst für Realität: Die Rationalität.
Gefühlslose Wissenschaft, wobei 1+1 zusammen gezählt immer 2 ist, und nicht 3 weil ich das glaube oder fühle.

Rationale Wissenschaft hat enormen Vorteile beim Erforschen und Anerkennen unserer Eigenschaften und Verhaltensweisen:
- nichts ist eine Beleidigung,
- nichts ist Sexistisch,
- nichts ist gemein,
- nichts wird abgelehnt,
- nichts wird gefordert.

Es ist lediglich ein Versuch, messbar darzustellen was objektiv und gefühlslos echt ist.
Es wirft eine unbefangene Sicht auf unsere Konflikte, ohne Tabus oder Begrenzungen. Es wirft ein neues Licht auf Grenzen der persönlichen Verantwortung. Grenzen, welche wir auch tatsächlich selber handhaben können. Grenzen, welche immer logisch begründbar sind und es möglich machen zu lernen, zu entdecken und zu entwickeln.

Damit ist die rationale wissenschaftliche Sicht auf Menschen wesentlich humaner und gerechter als alle Glaubenssysteme zusammen, gleichzeitig viel weniger romantisch und emotional betrachtet kalt und berechnend.

Diese rationale Sicht auf den Menschen als emotionales, rationales und hormongesteuertes soziales Wesen, kann ein wertvolles Instrument sein, uns selber und unsere Mitmenschen durch diese neue Brille kennenzulernen.

Und ja, auch unsere Fähigkeiten zum Fühlen, Spüren und Glauben bekommen ihren Platz.
Jedoch nicht als bestimmende Instanzen, sondern nur noch als Teilchen vom Ganzen, mit all ihren Vor- und Nachteilen analysiert und berücksichtigt.

Realität testen

Was würde passieren, wenn ich all meine Sinnen ausschalten würde?
Meine Augen, Ohren und Nase zukleben würde mit Papier und Klebeband?
Und in einem aufgepumpten Raumanzug im Schwerlosigkeit herumfliegen würde?

Wie würde ich dann die Realität wahrnehmen?

Spüre ich dann noch die Menschen um mich herum?
Reagiere ich dann noch emotional auf Sachen die mir gesagt werden?
Oder fühle ich mich angetan von dem Geschehen in meiner Umgebung?
Höre ich Geräusche? Schmecke ich Gerüche, oder empfinde ich Berührungen?
Natürlich nicht.

Ich bin unfähig geworden, wahr zu nehmen.
Es landet keine Info von meinen Sinnesorganen in meinem Gehirn.

Funkstille mit der Aussenwelt.

...aber...

Ich kann immer noch phantasieren.
Ich kann mir vorstellen ein kaltes Eis zu essen,
Ich kann mir vorstellen Parfum zu riechen,
Meine Liebe, Interessen und Abneigungen kann ich noch spüren.
Ich kann nachdenken über dieses Buch.
und planen was ich machen möchte.

So, offenbar sind die Sinne die Brücken zwischen Innen und Aussen.
Wobei neue Infos von aussen, verknüpft werden mit Erinnerungen und Vorstellungen von Innen.

Untersucht werden sollte, wie begrenzt diesen Sinnesorganen funktionieren und in wie fern die Verarbeitung dieser Infos zuverlässig ist.

Denn wieso wird ein Mensch für mich plötzlich schöner und wertvoller, wenn ich ihn liebe?
Oder hässlicher, wenn ich ihn verabscheue?

Wieso bekomme ich Brechreiz beim Sehen von schlecht gewordener Milch mit Klümpchen bei mir zuhause, aber reagiere nicht auf Milch mit Klümpchen in einer Käserei?

Und wenn für die eine Person, ein BMW als «gross, teuer und unpraktisch» empfunden wird, aber von jemanden anderen als «schön, günstig und praktisch»
Was Ist dann hier «Echt»?

Wer bestimmt dann «Echt»?

Oder ist alles Wahrgenommene nur «Empfinden»? Wie bei einem Zaubertrick?

Tönt auch logisch! Aber, wenn ich mit einem Lineal die Grösse meines Tisches messe, und meinen Kinder machen das Gleiche....kommen wir allen auf das gleiche Ergebnis.

Wo ist also die logische Grenze zwischen Empfinden und messbar Echt, womit ich meine Probleme korrekt definieren und lösen kann?
Und welche Konsequenzen haben diese Grenzen, für unser Selbstbild und unsere Eigen-Verantwortung?

Viele Fragen.
Fangen wir von vorne an: «Wie stehen wir in Verbindung mit der Umwelt?»

Wahrnehmung über Sinnes-Organe

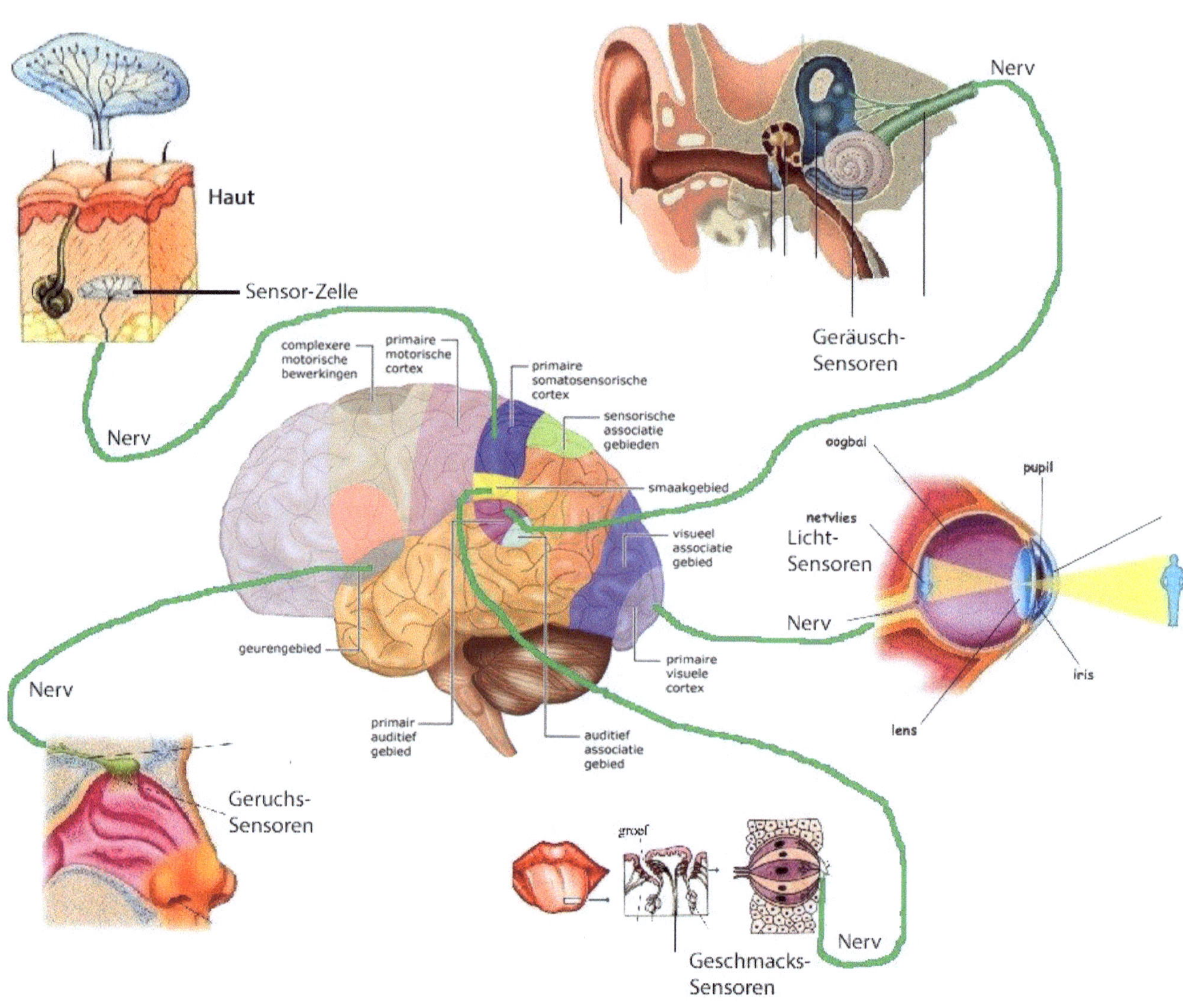

Wahrnehmen = Das interpretieren von elektro-Signalen, von unserem Gehirn.

Wahrnehmung und Realität in Frage stellen

Wahrnehmung in Frage gestellt:

Nehmen wir die messbare Realität korrekt wahr?
Oder ist unsere Wahrnehmung störungsanfällig?

Beispiele von medizinischen Ursachen für Störungen:

- Tinnitus (ein Geräusch im Ohr)
- Kribbeln oder Taubheit im Bein bei einer Diskushernie im Rücken.
- Gefühl von Zeitlupen-Tempo bei Langeweile, oder dass «die Zeit davonrennt» bei Stress
- Sterne-sehen, wenn das Auge angeschlagen wurde
- Das wahrnehmen von nicht-existierenden Geräuschen, Aromen, Personen, usw. bei Drogenkonsum oder ein Gehirn-Tumor
- Phantom-Schmerzen (Schmerzen in einem Bein, welches amputiert worden ist und nicht mehr da ist.

Realität in Frage gestellt:

Ist es möglich etwas aufrichtig als «Echt» zu erleben, jedoch bei Überprüfung messbar inkorrekt ist?

Das Testen der Annahme kann passieren über Zaubertricks.

Beispielsweise das Verschwinden von einer Münze mit einem Glass

Die Lösung steht auf der nächsten Seite

Oder über gezeichnete optische Illusionen:

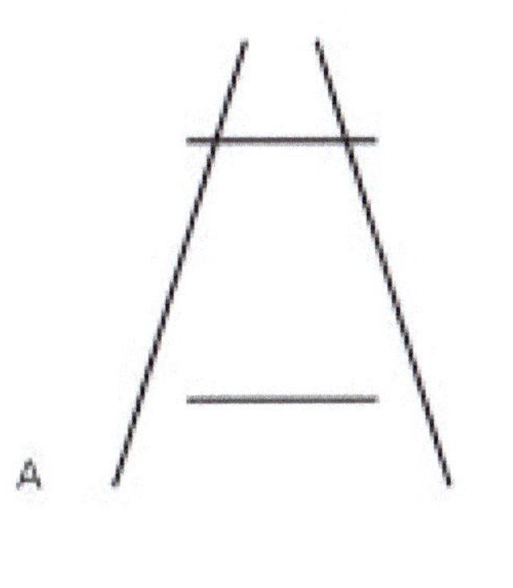

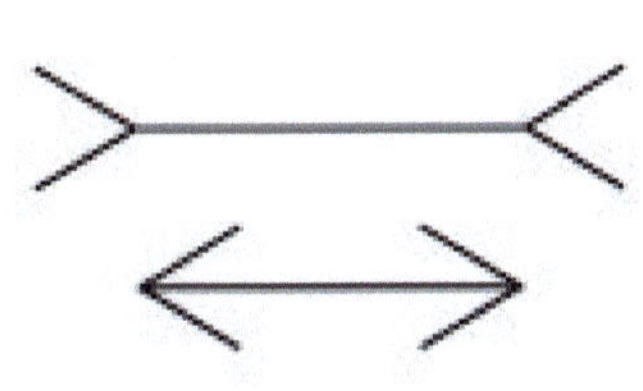

A   B

Schlussfolgerung:

- Wahrnehmung ist organisiert auf Grund von Infos aus den Sinnes-Organen, wird aber beeinflusst von den anderen Faktoren innerhalb des Gehirns oder Störungen in der Anlieferung von den Elektro-Signalen aus den Sinnesorganen im Gehirn.

- Die erlebte messbare Realität ist nicht als «Wissenschaftlich messbare Realität» zu betrachten. Unsere Sinnesorgane und die Verarbeitung der Infos im Gehirn, sind zu störungsanfällig.

- Es ist möglich etwas als «Echt» zu erleben, was bei Überprüfung «nicht Echt» ist.

Damit ist rational bewiesen, dass:

«Die von uns erlebte Realität entsteht in unserem eigenen Gehirn und ist individuell gestaltet, je nach Veranlagung und Prägung»

Teil 3: Vom Wahrnehmen zur Realität

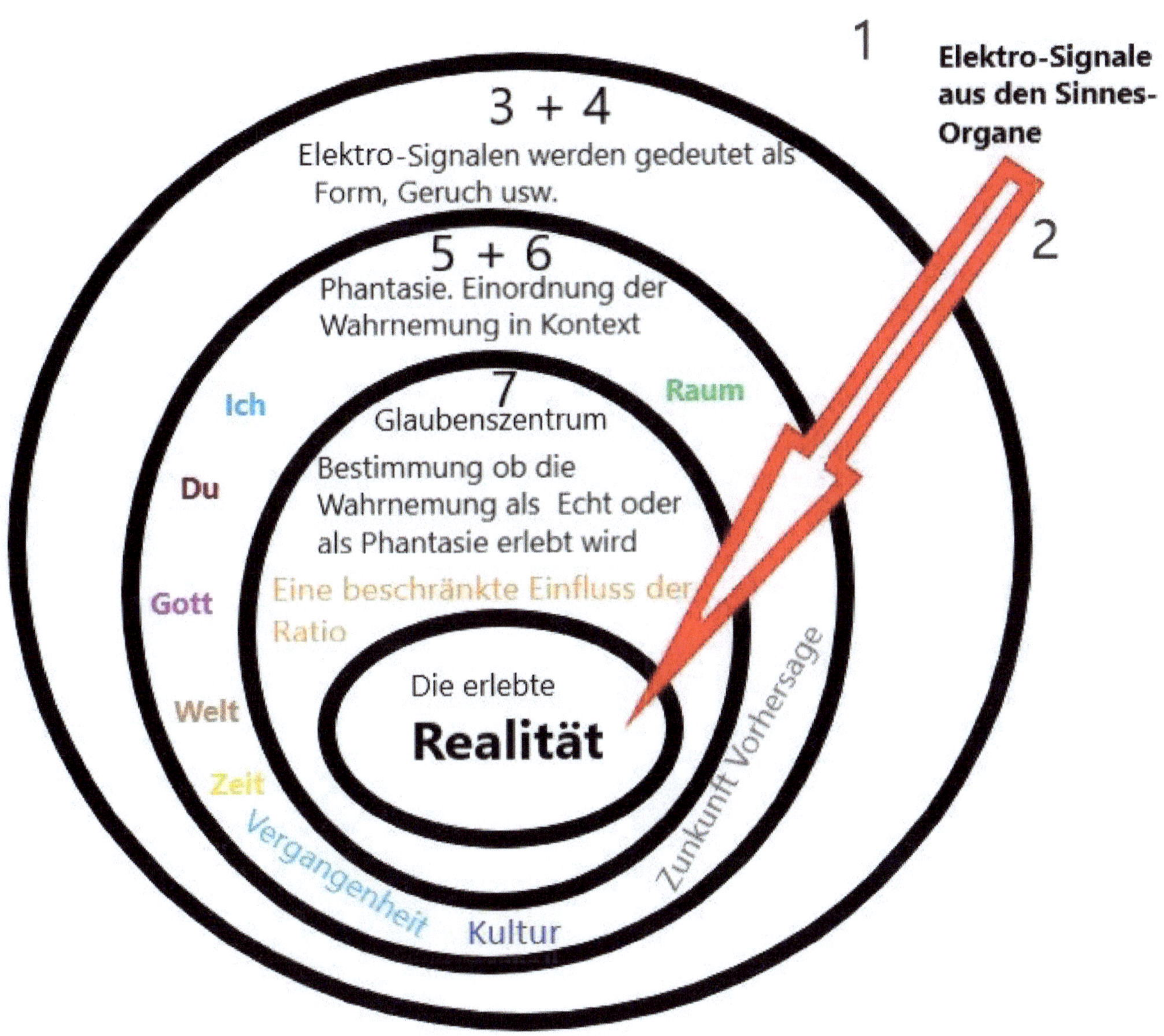

1. Die Sinnes-Organe produzieren Elektro-Signale auf Grund von Licht, Druck, Luftbewegung, Duft usw.
2. Diese Elektro-Signale werden über die Nerven ins Gehirn transportiert
3. Es wird vom Gehirn eine passende Bedeutung an den Elektro-Signalen zu geschrieben.
4. Somit werden Elektro- Signale zur Form, Geräusch, Geschmack, Tast-Gefühl usw. umgewandelt.
5. Das Gehirn ordnet die Formen, Geräusche, usw. sinnvoll ein. z.B. wird ein «brauner Block» zum «braunen Schrank».
6. Das Gehirn ordnet alle Wahrnehmungen fantasievoll ein in einem Kontext (Zeit, Raum, sozialer Kontext, Zukunftserwartung, usw.)
7. Das Glaubens-Zentrum bestimmt, was als «Echt» und was als «Fantasie» empfunden wird.
8. Der rationale Teil des Gehirns spielt eine beschränkte Rolle und hat nur wenig Einfluss auf die emotional geglaubte Realität. Es braucht also eine emotionale Strategie einen Glauben zu ändern. («eine bewusste Erfahrung» wäre so ein Weg).

Teil 4: Die erlebte Welt als Spiegel für die eigenen Veranlagungen und Prägungen

Logik:

- «Realität» wird also von jedem Menschen selbst im Gehirn hergestellt

- Jede emotionale Vorstellung entsteht im Gehirn

- Ein Gehirn kann logischer Weise nur Emotionen oder emotionale Vorstellungen erstellen, wo zu es fähig ist diese erstellen zu können.

- Auch alle Vorstellungen die wir uns von anderen Menschen machen und die von uns empfundenen Emotionen des anderen Menschen, entstehen in unserem eigenen Gehirn.

Damit kann automatisch **Alles** Wahrgenommene / Interpretierte / Gespürte *immer* als Projektion (Eine Deutung vom eigenen Gehirn) betrachtet werden.

Alles Erlebte wird im eigenen Gehirn erstellt und wird damit zu einem Spiegel für die eigene Gehirn Fähigkeiten, die eigenen emotionalen Programme (Ein Programm erkennt Muster, schreibt Bedeutung zu am Erlebten und reagiert emotional entsprechend)

Die erlebte Welt als Spiegel für sich selbst.

In diesem Spiegel der selbst-erstellten Realitäten erkennt man von sich selber:

- Welche Sinnes-Organe wie ausgeprägt funktionieren.
- Welche Veranlagungen es gibt im eigenen Gehirn.
- Wie die eigenen Wahrnehmungen eingeordnet werden.
- Wie ausgeprägt die Phantasie ist.
- Welche Glaubenssätze es gibt.
- Welche Emotionen erzeugt werden können.
- Welche Gedanken oder Berechnungen erzeugt werden können.
- Das Zusammenspiel und Balance zwischen emotionalen- und rationalen-Funktionen.
- Das Ausmass von sozialen Veranlagungen und Prägungen

Beispiele von verschiedenen subjektiven Realitäten, inklusive verschiedenen Vorstellungen der Anderen:

Objektiv: Auto mit 75 PS
Subjektiv: Jan findet dies ein starkes Auto
Gert findet dieses Auto zu schwach

Objektiv: Frau, 1.75 m Gross, langes braunes Haar, 70 kg schwer, 50 Jahr alt, pädagogisch ausgebildet:
Subjektiv: Jan empfindet sie als eine schlaue attraktive junge Frau.
Gert emfindet sie als eine unattraktive und überhebliche Hexe, die seiner Mutter ähnelt.

Objektiv: Der Turm ist 50 meter hoch.
Subjektiv: Ich empfinde ihn als riesig.
Mein Bruder empfindet ihn als klein (er lebt in New York)

Betrachtung der Menschen als eine Sammlung von Eigenschaften

Es sollte klargestellt sein, dass dieses Model nicht vollständig ist, und sicher nicht als echtes Messinstrument dienen kann. Es macht jedoch bewusst, dass sehr viele Eigenschaften Veranlagungen sind, und ist somit eine Erklärung für die Diversität in der Menschheit.

Wenn ich der Mensch als Ziffernschloss-Geheimzahl betrachte und jeder Eigenschaft ist ein Zahlenrad.

Zudem wenn jede Eigenschaft unterschiedlich stark ausgeprägt ist (gemessen in Stufen 0-9), dann ergeben sich schon nur bei 4 Eigenschaften, 10.000 verschiedene Varianten von Menschen!

Dieses Model kann helfen bewusst zu machen,, welcher Einfluss die Erziehung, Prägung, Ausbildung und Kultur haben auf einen Menschen und welche Konflikte im Kontakt mit dem Umfeld entstehen bei grösseren Unterschieden.

Welche Eigenschaften können überhaupt veranlagt sein?

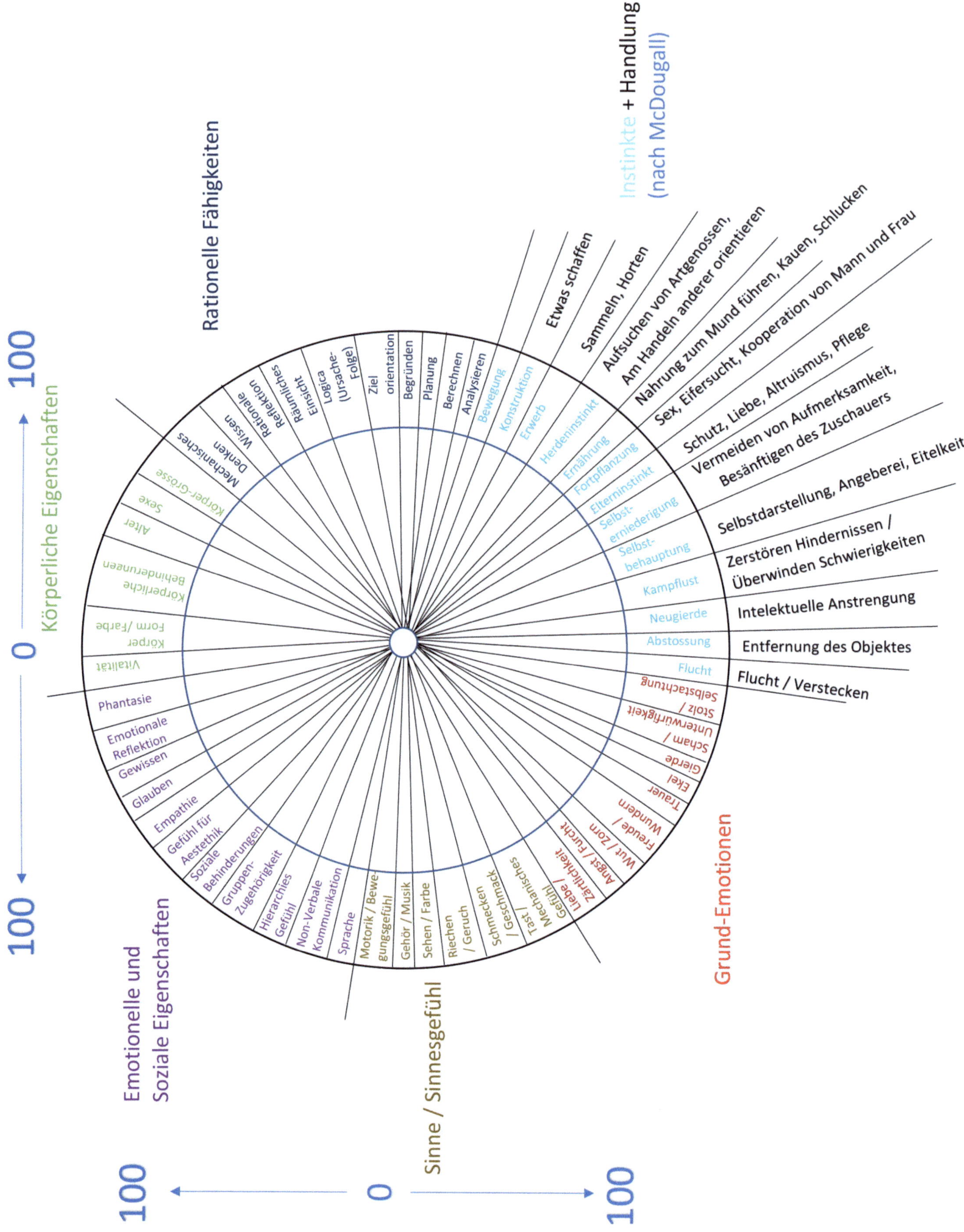

Wie sehe ich eigentlich aus, wenn ich meine Grundveranlagungen messen könnte und grafisch darstellen würde?

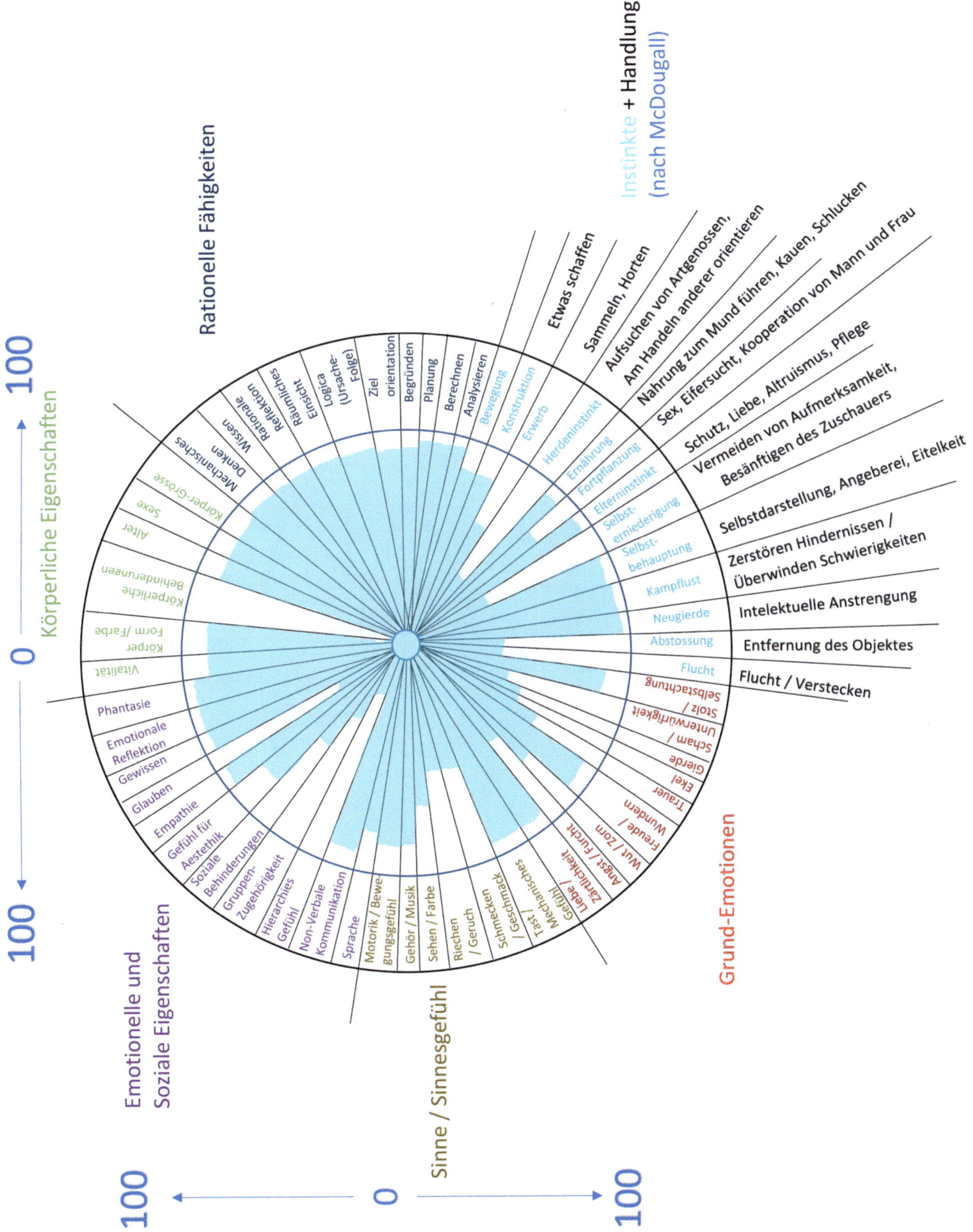

Und wie sieht meine Prägung eigentlich aus? Welche Veranlagungen werden gefördert, und welchen gehemmt / unterdruckt von meiner Erziehungs- und Kulturelle Prägungen?

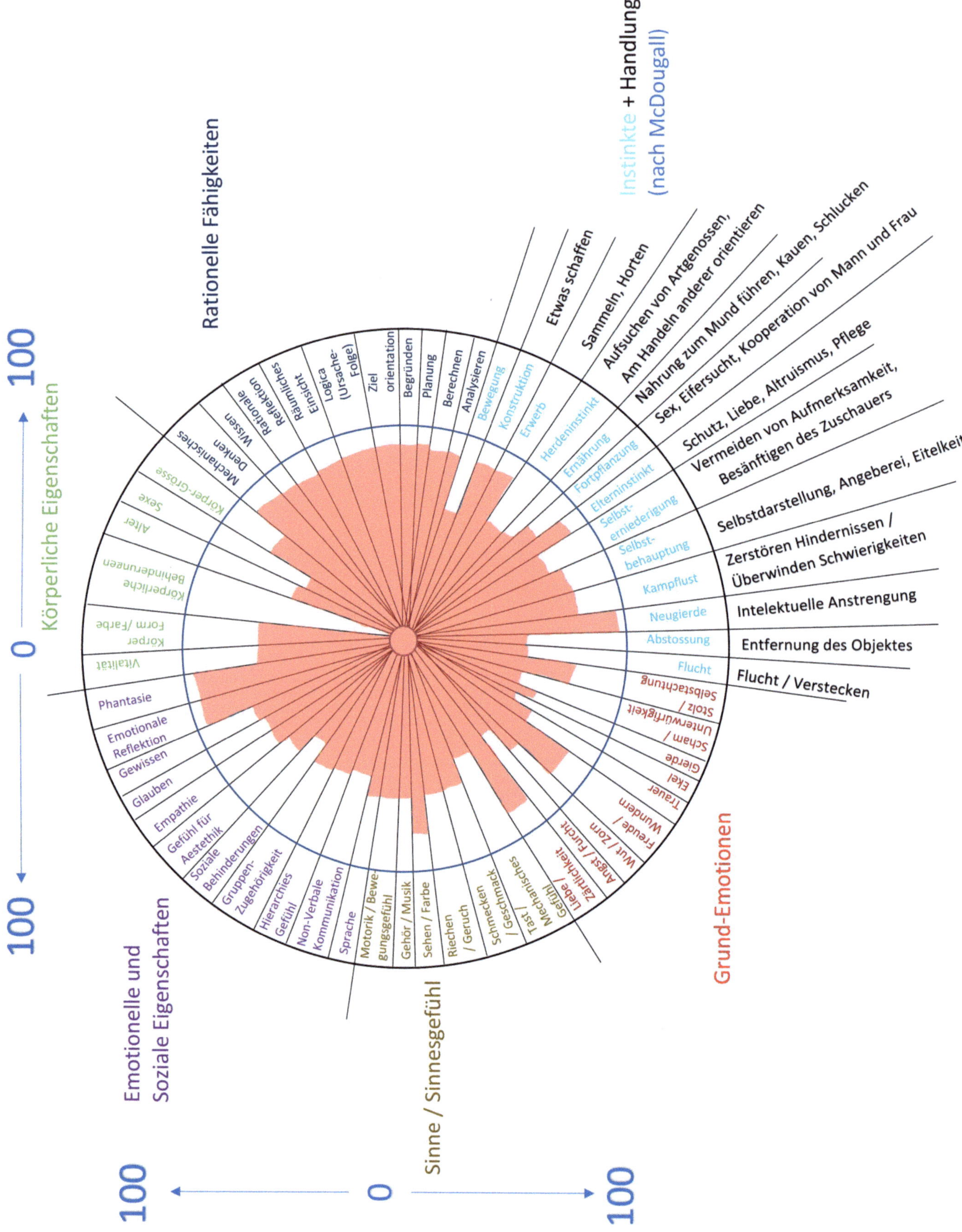

Veranlagungen, Prägungen, Ich, Schatten und Lücken grafisch dar gestellt:

Wenn meine Prägung auf meiner Veranlagung gelegt wird, wird klar, welche
Veranlagungen:

- Akzeptiert und gefördert werden
- Welche Veranlagungen gehemmt und unterdruckt werden.
- Welche Veranlagungen fehlen gemäss meiner Prägung

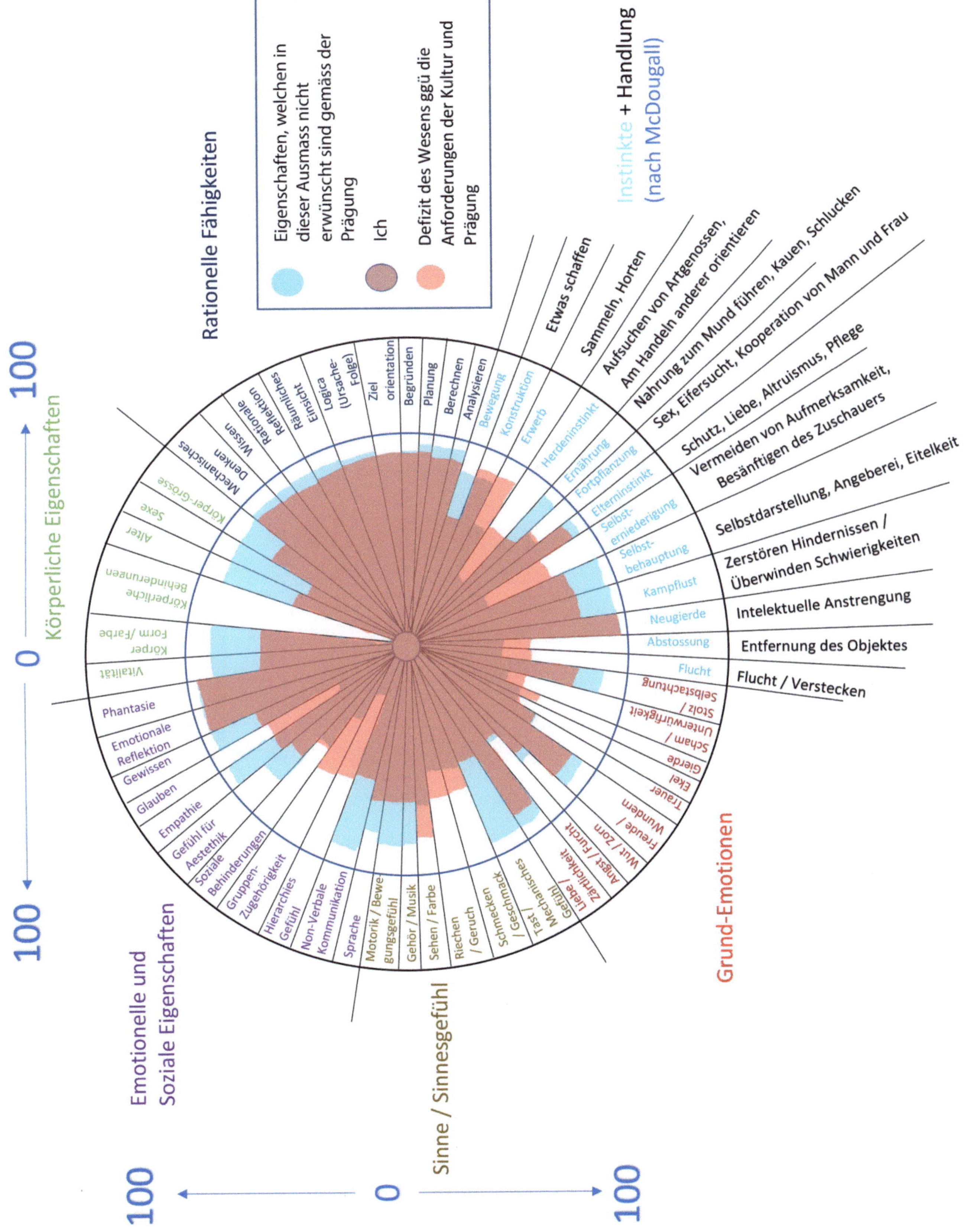

Gestaltung unserer Vorstellung von «Ich»

Ich:

Alle Veranlagungen welchen von meiner Prägung gefördert wurden, werden als mein «Ich»
betrachtet.
Mein Ich, ist also eine Versammlung von bei mir anwesende Eigenschaften, gelebt in dem
Ausmass, wie es meine Prägung erlaubt.

Schattenseiten / Unterentwicklung

Alle Veranlagungen welchen von meiner Prägung gehemmt werden, bleiben «Schatten-Seiten»

Lücken / Minderwertigkeitsgefühl

Alle Lücken in meiner Veranlagung, welchen jedoch von meiner Prägung verlangt werden, werde
ich als «Fehlendes Talent» wahrnehmen. Sie sind eine potenzielle Ursache für ein
Minderwertigkeits-Gefühl.

Teil 5: Konstruktiver Umgang mit unserer Glaubensüberzeugung, damit wir Problemen lösen können

Menschenbild, rational definiert:

Damit ich mich selber und die Menschen um mich herum besser rational verstehen kann, sollte ich den Grundstein meines Selbstbildes reduzieren auf eine korrekte Vorstellung:

Der Mensch ist ein schlauer Affe und hat im Vergleich ein grösseres Gehirn.
Eigenschaften welchen bei der Menschheit weiterentwickelt sind als bei anderen Affenarten, sind vor allem Phantasie und Sprache, zudem rationelle Eigenschaften wie Technisches Denken, Planen und Berechnen.

Religion aus rationaler Sicht:

Zum Glauben, braucht es nur minimale Intelligenz. Religion ist damit eine mögliche Lösung für Lebensthemen für fast alle Menschen.
Wie sehr diese Annahme stimmt, habe ich als Kind erlebt während Gottesdiensten für mental-beschränkte Mitmenschen. Wenn du jemals erleben möchtest was es bedeutet ein Gottesdienst zu «feiern», dann rate ich dir genau einen solchen Gottesdiensten zu besuchen: Es ist reine Freude: Zusammen Musik machen, Polonaise laufen, der Bibel aus Geschenkpapier auspacken als «Geschenk Gottes» usw.
Rechnen, Schreiben und Planen können diese Menschen nicht, aber Glauben ist kein Problem.
Zum Glück.

Es ist deshalb an zu erkennen, dass Religion Menschen helfen kann eine stabile Form von Realität erleben zu lassen. Dieser Weg ist jedoch ein beschränkter Weg. Es fehlt die Möglichkeit sich zu entwickeln und selber zum Regisseur des eigenen Films zu werden.

Gott und andere Glaubens-Überzeugungen

Rational ist es nicht möglich, die Existenz eines Gottes oder anderen Kräften ein- oder auszuschliessen.
Es gibt keinen objektiven messbaren Beweis, welches für, oder gegen so eine Existenz spricht.

Was rational jedoch prima möglich ist, ist auf die tausenden Götter hinzuweisen, an welche die Menschheit geglaubt hat, oder immer noch glaubt. Auch sind enorme Meinungsverschiedenheiten sowohl innerhalb der einzelnen Religionen, als auch zwischen den verschiedenen Religionen einfach nachweisbar.
Wenn es also einen Gott gäbe, dann hat die Menschheit tausendfach bewiesen, es nicht eindeutig verstehen zu können.

Zudem ist auf alle Probleme welche auf Grund der Religionen entstanden sind hinzuweisen.

Die logische Schlussfolgerung kann somit sein, dass Religions-Moral und Glauben-Sätze instabile Ansätze sind bei einer Forschung. Sie produzieren immer zwei Seiten: sowohl Lösungen, als auch Probleme, beiden auf Grund eines Glaubens in «Gut und Schlecht»

Damit sollten unsere Moral und Glaubens-Sätze, bei rationaler Problem-Analyse und Problemlösung, immer ein Moment auf «Non-Aktiv im Wartezimmer» gestellt werden.

Wenn du anschliessend deine Religion oder Glauben wieder aktiv leben möchtest, ist dies dir überlassen.
Du bist frei, selber deine Realität zu gestalten, wie du sie für richtig hältst.

In allen Religionen und Glaubensrichtungen die ich kennengelernt habe, wird es entweder verboten, sich ein Bild von Gott zu machen, oder es wird geglaubt, dass wir als Laien nicht in der Lage sind, diese höheren Mächte zu verstehen.
Auch behaupten alle Religionen zu wissen, was von den Menschen erwartet wird oder wie gelebt werden sollte.

Alle behaupten also, dass es nur eine Realität gibt, und dass sie selber den besten Weg innerhalb dieser einen Realität kennen.
Dies erklärt, wieso es so viele Auseinandersetzungen gibt zwischen Menschen verschiedener Glaubensüberzeugungen.

Die Sichtweise dieses Buches ist anders:
Wir sind selber unser Regisseur und Produzent der eigenen persönlichen Realität. Da wir nur in Kontakt treten können mit unserer Umgebung mittels unserer fehleranfälligen Sinne und die Signale interpretiert werden in unser eigenes Gehirn, gibt es genauso viele individuelle Realitäten, als dass es Menschen gibt auf Erde.
Jede Vorstellung wird von unserem eigenen Gehirn gestaltet und aufgebaut. So auch jede Vorstellung von einer höheren Macht und von seinem Willen.

Wo Religionen automatisch in Konflikt mit einander geraten, weil sie unterschiedliche Vorstellungen von Gut und Schlecht haben und spüren nur so überleben zu können in dieser einen Realität,
bekommt in der Sicht dieses Buches, jeder Mensch «recht aus seiner oder ihrer Sicht», in Anerkennung der individuellen Realität.

Wo bei Konflikten zwischen Glaubensrichtungen Hass und Ausschluss droht,
fördert diese Methodik Menschen neugierig zu werden.
Neugierig nach der Realität der Anderen und den Grund wie der Andere zu seinem Recht gekommen ist.
Neugierig nach der eigenen Realität und den Grund wie ich zu meinem Recht gekommen bin.

Teil 6: Unterschiedlichen Arten von Logik

Emotionale Logik

Die Verantwortung für das Auslösen vom Gefühl, wird immer automatisch nach aussen verlegt:
- Ich liebe dich, weil du so toll bist
- Ich hasse dich, weil du so ein Arschloch bist
- Das Essen ist eklig
- Die Musik ist schön
- Es ödet mich an
- Du bist liebenswürdig

Die Emotionen reflektieren nur emotional:
  Das ist gut / schlecht, richtig/falsch, schön/hässlich, fantastisch/blöd, usw.
  Emotionale Reflektion ist eine emotionale Beurteilung von innen heraus.

Auch Emotionen selber werden emotional reflektiert:
- Es ist gut verliebt zu sein
- Es ist schlecht wütend zu werden
- Es ist eklig frustriert zu sein
- Trauer macht mich klein
- Unsicherheit macht mich hilflos

Eine emotionale Zukunft-Vorhersage ist meistens versteckt:
- Alles geht schief
- Das kommt nie wieder gut
- Ich liebe dich für immer

Bemerkung:
  Nur schon die messbare Tatsache, dass die reinen Emotionen immer die Verantwortung des Auslösens, automatisch nach Aussen verlagert, macht sie unzuverlässig als Beurteilungsmittel. Sie ist selbst-gerecht und verantwortungs-los.

Rationale Logik:

Über das Denken werden Fakten und Zusammenhängen definiert.
Erfahrungen werden mathematisch mit einander verglichen.
Mittels räumlichen und systematischen Denkens kann eine Planung aufgestellt werden auf Grund einer Berechnung.

Eine rationale Zukunftsvorhersage ist eine Berechnung, welche einschätzt wohin die jetzigen Bewegungen der bekannten Fakten, in der Zeit führen (Wie bei einer Wettervorhersage)

Rationale Reflektion ist eine, so objektiv wie mögliche, Betrachtung von aussen. Betrachtet werden messbare Fakten, Formen, Richtung, Dynamik, Prozess.

Die Logik von emotionaler Problemlösung versus die Logik von rationaler Problemlösung:

Emotionale Problemlösung:

Stelle dir vor, du möchtest Profi Fussballer werden, und hast noch keine Erfahrung oder Ahnung.

Das erste Mal in deinem Leben, gehst du auf den Fussball Platz, legst den Ball auf die Grasmatte und schiesst auf das Tor.
Leider, voll daneben...
Du glaubst, das Gras ist zu hoch. ...
Frage; was machst du damit das Gras nicht mehr stört? Genau, du schneidest das Gras.

Dann schiesst du noch einmal auf das Tor. Wieder daneben...
Du glaubst, das Tor ist zu klein....
Frage, wie gehst du vor, damit du ein Tor schiessen kannst?
Genau, du vergrösserst das Tor.

Jetzt schiesst du wieder auf das Tor... und wieder daneben.
Diesmal glaubst du, dass der Ball zu schwer ist. Somit kaufst du einen leichteren Ball...

Dieser Prozess rational reflektiert, sehen wir in diesem Beispiel 3 Prinzipen auftauchen:
- Die Lösung wird immer gesucht, wo das Problem wahrgenommen wird
- Auf Grund von einem Glauben wird gehandelt.
- Der Glauben ist die bestimmende Instanz, wird aber selber nicht reflektiert oder überprüft
  bevor gehandelt wird.

Rationale Problemlösung:

Du schiesst auf das Tor, leider voll daneben.

Du stellst eine Liste auf, die zeigt welche Einflüsse den Ball ins Tor bringen:
Kraft, Kraftübertragung vom Bein auf dem Ball, Kraft-Richtung, Anlaufgeschwindigkeit, Körperhaltung beim Schiessen, Gewicht des Balles, Höhe des Grases, Grösse des Tores.

Bei der Analyse stellt sich heraus, dass der Ball zwar neben das Tor ging, aber genügend weit geschossen wurde. Zudem, dass die Schusslinie gerade verlief, und somit nicht vom Gras gehindert wurde.

Nach zwei Messungen stellte sich heraus, dass es theoretisch möglich ist, den Ball in einer geraden Linie ins Tor zu schiessen.

Als These (der zu testender Erklärungs-Vorschlag) wird aufgestellt, dass die Schussrichtung schlecht gewählt war, so dass der Ball daneben ging.

Es wird ein Experiment ausgedacht, zum Testen ob der Stand des Fusses, Einfluss hat auf die Schussrichtung unter den gleichen Umständen als beim ersten Schuss.

Beim Testen stellte sich heraus, dass alle Schüsse mit einem nach aussen gedrehten Fuss-Stand zwischen 20 und 40 Grad gegenüber dem Becken, gemessen mit einem validierten Winkelmesser, ein Tor erzielt.

Dieser Prozess rational reflektiert, sehen wir in diesem Beispiel 4 Prinzipen auftreten:
1. Alle, jedoch nur objektiv messbare, Möglichkeiten werden berücksichtigt
2. Messungen sind die Grundlage für die Problemstellung und die Lösungsmöglichkeiten
3. Messungen werden gemacht mit validierten (überprüften) Messinstrumenten.
4. Bestätigung/Verwerfung der Thesen (Annahmen) findet immer über das Resultat von Experimenten
   statt.

Stolpersteine in der Analyse bei der Differenzierung zwischen emotionalen und rationalen Argumenten:

Etwas emotional wollen und sich dann ein scheinbar passendes rationales Argument dazu aussuchen. Diese rationalen Argumente zeigen sich jedoch inkonsistent (im Widerspruch) mit der emotionalen Handlungs-Richtung und/ oder mit den emotionalen Reaktionen auf die Folgen der Handlung / des Nicht-Handelns:

Beispiel:
Es ist ein warmer Tag. Morgen früh muss ich mit dem Auto losfahren.
Ich bekomme, dass Gefühl, dass ich unbedingt zur Tankstelle fahren sollte.
Ist ja schlau, jetzt zu tanken, denke ich, dann muss ich dies morgen nicht mehr tun. Ich hasse ja Stress am Morgen.

So ich steige ins Auto und rufe:
«Schatz, ich fahre noch schnell zur Tankstelle damit morgen der Tank voll ist»

Angekommen bei der Tankstelle, springt mir die Eisvitrine sofort ins Auge.

Ahhh …..ein Eis! Herrlich kalt!!

Ich bezahle schnell fürs Eis und geniesse den kalten Geschmack auf dem Rückweg nach Hause.

Zuhause fragt meine Frau nach. «Das hast du schnell gemacht, hast du nicht getankt?
Ich lächele glücklich und erzähle nur ein Eis gegessen zu haben…
Tanken kann ich ja Morgen auch noch, dass geht morgens in der Früh immer schnell……

Glaubenssysteme mit dem Anschein von Rationalität:

Phänomenen werden zuerst rational analysiert. Mit der Schlussfolgerung wird theoretisch ein logisches System ausgedacht als Erklärungsmodel, jedoch ohne Überprüfung des Erklärungsmodels selber.

Dieses Erklärungsmodel ermöglicht es, auch Logik umzudrehen
Anschliessend wird die Lehre dieses Systems emotional als logisch verkauft, und geglaubt.

Hier gibt es Unmengen an Beispiele:
- Jemanden hat Fussschmerzen und Bauchschmerzen.
  Es wird ein Fussmassage gemacht. Es werden verschiedene Schmerzpunkte gefunden (verspannte Fuss-Muskeln) an der Innenseite des Fusses.

  Nachdem die Verspannungen gelöst sind, sind die Fussbeschwerden weg. Und was passiert: Die Bauchbeschwerden sind auch deutlich weniger geworden.

  Jetzt wird ein Glaubens-System rational ausgedacht, welches mittels Fuss-Reflexzonen erklärt, wieso alle Menschen mit Bauchbeschwerden am Fuss behandelt werden sollten.

- Auch ein schönes Beispiel finde ich die Befunde von einer Psychologin. Sie entdeckte, dass viel von ihrem männlichen Patienten, welchen Problemen mit ihrem Vater hatten, auch an Rückenschmerzen auf Wirbelhöhe L4-L5 litten.
  - Sie dachte sich ein System aus und schrieb ein Buch über den Zusammenhang zwischen Psyche und Körper.
  - Weil ihr System bestimmt hat, dass den Einfluss zwischen Psyche und Körper in beide Richtungen verläuft, drehte sie die Reihenfolge des Phänomens um.

In diesem Buch steht jetzt: Hast du Rückenschmerzen auf Höhe L4-L5, dann hast du ein Problem mit deinem Vater.

Als Physiotherapeut habe ich selber jedoch schon 25 Jahren bis 10x täglich mit Rückenschmerzen zu tun.
Meine Erfahrung ist, dass 60% aller Rückenschmerzen im Bereich von L4-L5 stattfinden. Und diese tausenden von Menschen haben nie alle ein Problem mit ihrem Vater.

Überprüfen wir die Logik dieser Psychologin anhand eines lustigen Beispiels:
1.	Phänomen: «Italiener essen gerne Pasta».
	Ich glaube, diese Stellung ist korrekt.
2.	Drehe wir die faktuale Reihenfolge um, dann wird die Stellung:
	«Wenn jemanden gerne Pasta isst, ist er Italiener»

Wenn dies stimmen würde, wäre ja die ganze Weltbevölkerung Italiener... 

Emotionelles Nützen von rationalen Argumenten:

Ein Mann und eine Frau sind gerade geschieden.
Die Frau wird von der Steuerbehörde in der Familien-Kategorie eingeteilt.
Beide haben das gleiche Einkommen. Sie bezahlt also prozentual halb so viel wie der Mann an Steuern.

Eines Tages findet eine Auseinandersetzung über Gelder statt.
Die Frau möchte mehr Geld.
Sie bringt ihre Ausgaben als Argument. Zudem: «Ich muss auch noch viel Steuern zahlen»

Schlussfolgen:

Emotionale Logik und Rationale Logik funktionieren ganz anders. Sie entstehen minimal gefühlt wie «in anderen Gehirn-Teilen».

Emotionalität und Rationalität haben ihre eigenen Regeln und Gesetze. Auch lernen sie beide anders.

Die meisten Menschen haben sowohl emotionale als auch rationale Anteile. Somit ist es wichtig, beiden Komponenten gerecht zu werden mit dem Ziel als komplettes Wesen in Harmonie leben zu können.

Gerechter Umgang bedeutet jedoch auch, die Anerkennung von Beschränkungen, damit keine Überforderung und Chaos entsteht.
So kann die Ratio nicht lieben, und die Emotio keine Probleme objektiv analysieren und für alle gerecht lösen.

Stolperstein bei der Bestimmung der betreffenden Emotion: Mehrere Emotionen gleichzeitig:

Ich sehe ein Film über einen Mann der seine Liebe verloren hat. Ich fühle mich traurig und muss weinen. Aber Männer weinen nicht, deshalb unterdrücke ich meine Trauer mit Wut.
Jetzt habe ich 2 Emotionen: Trauer und Wut.
Weil ich meine Trauer unterdrücke, bekomme ich das Gefühl nicht geliebt und anerkannt zu sein.
Jetzt habe ich 3 oder mehr Gefühle gleichzeitig: Ein Gefühls-Chaos ist entstanden.

Ein Problem, es braucht jedoch zwei oder mehrere Lösungen

Wie deutlich geworden ist, ist dass beim Analysieren eines Problems, sowohl die Ratio, als auch die Emotio separat Aufmerksamkeit bekommen sollte, wobei der Prozess zum Bewusstwerden der Emotionen total anders verläuft, als bei den rationalen Überlegungen.

Die hier oben erwähnten Vermischungen und Vortäuschungen sollten immer in der Analyse von Ratio und Emotio berücksichtigt werden.
Sonst folgt ein Versuch, ein Rationales Problem plötzlich Emotional zu lösen.
Oder andersum ausgedrückt: In der Regel braucht es 2 Lösungen für 1 Problem: Eine emotionale und rationelle Lösung.

Als Beispiel für diese 2 Lösungen möchte ich die Therapie bei Angst für kleine Spinnen erwähnen:
- Zuerst wird rational analysiert ob diese Spinne überhaupt eine Gefahr darstellen könnte.
- Als die Ratio mit Argumenten und Analysen überzeugt ist von der Unschuld der Spinne ist die Emotio an der Reihe.
- Die Emotio lernt mittels Erfahrung. Es wird jetzt ein Projekt geplant, wo die Person der Spinne immer näherkommt, bis die Emotio die Erfahrung gemacht hat, dass die Spinne harmlos ist. (Konfrontation-Therapie)

Teil 7: Soziale Probleme analysieren im Bewusstsein für die Mechanik der eigenen Realität

Vorstufe:

Die meisten Probleme sind Missverständnisse bezüglich Verantwortung und weil Gefühlsvorstellungen geglaubt werden.

Sobald das Geglaubte bewusst gemacht ist und die Grenzen der Verantwortung korrekt platziert sind, sind die meisten Problemen theoretisch bereits gelöst.

Anschliessend sollte die neue Programmierung mehrfach erlebt werden in der gleichen Situation.

Interessanterweise, zieht das Gefühl in dem Fall nach und reagiert anders auf die gleiche Situation. Es ist jedoch kein Hokuspokus, sondern nur eine bewusst gezielte Neu-Eichung der emotionalen Programme.

Anschliessend wirst du feststellen, dass du emotional authentisch die gleichen Situationen oder Personen, emotional anders erlebst als vorher. Auch, dass du automatisch anders handelst als vorher

Diese Methodik analysiert rational (von aussen betrachtet) emotionale Beziehungen, Körpersprache und Verhalten, bevor sowohl eine rationale als auch eine Emotionale Strategie gewählt wird.

Mittels des Analysierens machst du dir all deine Emotionen, emotionale Beziehungen und rationale Fähigkeiten bewusst. Du lernst sie kennen und auf Charakter und Entwicklungs-stufe beurteilen. Es wird dir immer bewusster, was zu dir gehört und was zu den Anderen.

Dies tönt vielleicht sehr harmlos und nach einer Art von «Wunder-Öl», aber es sollte nicht unterschätzt werden, welche tief eingreifenden Folgen eintreten können.

So kann es passieren, dass du nicht länger die Moral einer Gruppe folgen möchtest oder das bestehenden Beziehungen aus dem Gleichgewicht geraten, weil du Grenzen anders setzt.

Zu empfehlen ist, in engeren Beziehungen, die neuen Einsichten mitzuteilen, damit deine Änderungen nicht fälschlicherweise nach dem alten Schema der Beziehung interpretiert werden.

Beziehungen sind als Gefühls-System im Gehirn gespeichert. Sie können sichtbar gemacht werden mittels Aufstellungen der betreffenden Personen, Systeme oder anderen Gefühlsinstanzen.

Während einer Aufstellung, wird die eigene Gefühlsrealität aufgestellt, inklusive die selbst-erstellte Vorstellung der Anderen.
Es ist somit sehr wohl möglich, sich bewusst in diese Vorstellung des Anderen zu versetzen wie einen Schauspieler und sich damit zu identifizieren, damit die eigene Vorstellung des Anderen und die Beziehung mit dieser Vorstellung des Anderen, besser verstanden wird.

Dies gilt auch für alle eigene Vorstellungen von Emotionen, Kultur, Gott, Familie, Gewissen, Tod, usw.

Alles Erlebte wird von dir selber erstellt.
Du bist der Regisseur und Produzent deiner eigenen Realität.
Alle Vorstellungen gehören dir.
Damit darfst du auch mit diesen Vorstellungen spielen.

Du kreierst selber dein Glück, aber auch dein Unglück, deinen Frust und deine Komplexe.

Es macht Sinn, mit Respekt mit deinen Vorstellungen umzugehen, aber heilig sind sie keinesfalls. Wieso auch. Sie sind deine Gehirn-Spinnereien

Bevor es jedoch möglich ist, emotionale Bewegungen rational von aussen betrachten zu können, müssen sie zuerst emotional erlebt werden und nonverbal ausgedrückt werden.

Als Vorbereitung auf diese Methodik macht es also Sinn, sich bekannt zu machen mit Rollenspielen und andere Formen sich nonverbal emotionale auszudrücken.

Auch das Trainieren von Analyse, mechanisches Denken und Philosophieren macht Sinn.

Zudem hilft es mittels Meditation zu trainieren sich in einem Bewusstseins-Zustand zu versetzen, der etwas mehr wach ist als Schlafen. In diesem Bewusstseinszustand ist es einfacher bewusst in Kontakt mit den eigenen Emotionen zu treten, und sie mit Gelassenheit von aussen zu betrachten.

Rationale Analyse von meiner ersten, angelernten, Realität:

Als Kind habe ich die folgenden Regeln gelernt:
- Es gibt einen Gott (Eine höhere Macht die alles hat entstehen lassen)
- Gott bestimmt was gut und schlecht ist (Bibel)
- Gott sieht alles und belohnt/bestraft alles
- Man sollte Respekt haben vor einander
- Behandle einen Anderen, wie du selber behandelt werden möchtest
- Man kann die Gefühle von Anderen verletzen mit Worten
- Man kann den Körper des Anderen verletzen (darf nicht)
- Jeder hat einen eigenen Geschmack (z. B: Essen, Farben, Kleidung, Autos)
- Es gibt viele verschiedene Glaubensrichtungen und Kulturen mit allen ihren eigenen Regeln.
- Frauen sind anders als Männer

Struktur von Realität, welche alle diese Regeln als Teil eines Systems betrachtet:

Eigenschaften dieser Realitäts-Vorstellung:
- Es gibt 1 Realität.
- Der Kreator dieser Realität ist eine höhere Macht.
- In dieser einen Realität leben alle Menschen (Realität ist für alle gleich)
- Jeder Mensch erlebt diese eine gemeinsame Realität individuell, je nach Glaubensrichtung, gut/schlecht-Einteilung und Geschmack.

Wenn ich jetzt diese Eigenschaften grafisch darstelle, sah meine Realität so aus:

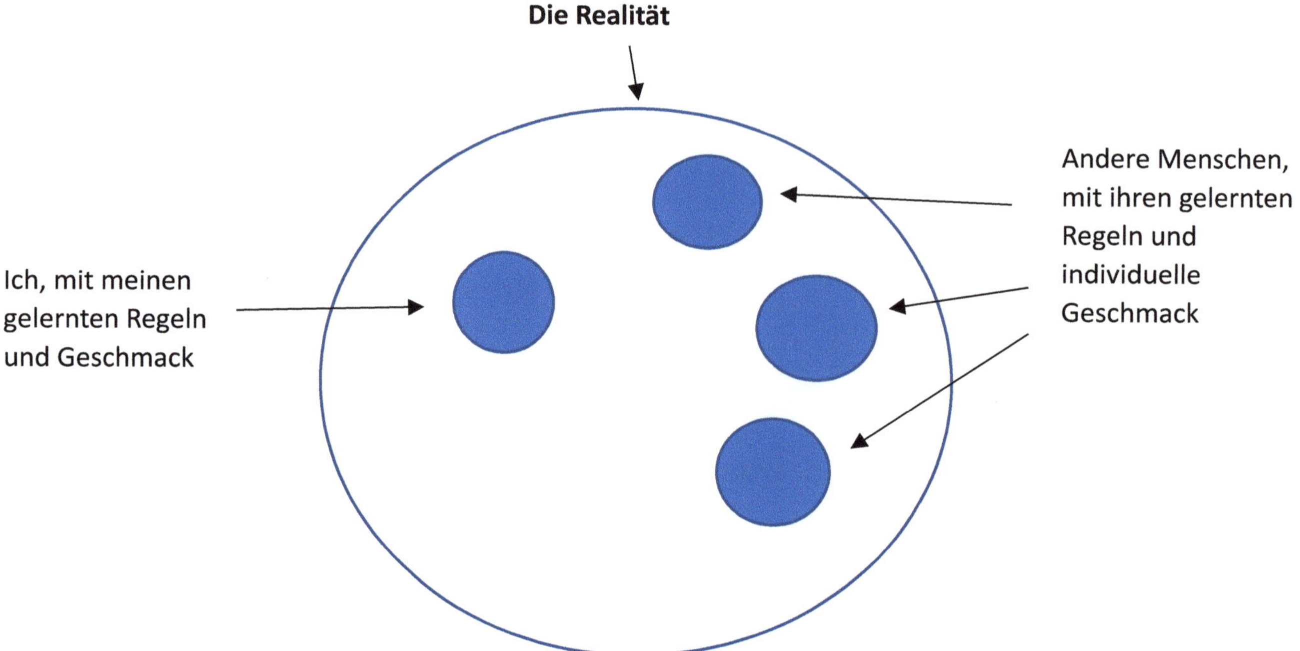

Den üblichen Problemen im Umgang mit einander innerhalb dieser Realitäts-Vorstellung:

Aussagen wie: du bist dick, du bist doof, dumm, blöd, werden als Beleidigungen empfunden. Als Vorwurfe werden Aussagen wie: du bist Respektlos, du bist ein Egoist, du liegst falsch, du saugst mich aus (machst mich müde), du lügst, du möchtest mich verarschen, du glaubst, dass ich dumm bin, usw. empfunden.

Gefühls-Probleme im Umgang mit Anderen werden erlebt: kein Verständnis, Rechthaberei, Unsicherheit, Minderwertigkeitsgefühlen, Respektlosigkeit, Überheblichkeit usw.

Bemerkung 1:

Alle oben erwähnten Konflikte und Probleme entstehen automatisch innerhalb diese «Eine-Realitätsstruktur»:
Jeder Mensch möchte sich sicher fühlen und im Recht sein, damit psychologisch Ruhe erreicht wird (Sicherheit/Stabilität). In der Gruppe möchten die meisten ihren Platz finden. Sie erreichen dies mittels verschiedener Strategien: Überheblichkeit, Unterwürfigkeit, Aggression, Liebe, Humor, Klugheit, Opfer-verhalten, Geld, Macht, Verantwortung, Verantwortungslosigkeit, Eitelkeit

Die Ruhe wird nur erreicht, mittels des Gefühls von «Recht-haben und / oder Zugehörigkeit»

Bemerkung 2:

Damit eine höhere Macht von allen anerkannt wird und sein Wille Gesetz ist, braucht es auch eine Grund-Vorstellung von nur einer Realität. Sonst hat es keine Macht.

Die Frage ist jedoch, ob diese Grundvorstellung von Realität überhaupt schlau ist in der Handhabung bei Konflikten. Zudem ob sie stimmt und logisch ist.

Testen wir dieses Modell:

- Wenn wir allen in der gleichen Realität leben und Wörter verletzen können, dann müssten gewisse Wörter immer verletzen:

  - Aber wenn ich «Arschloch» zu einem Russen sage, dann zuckt er nur mit seinen Schultern, da er kein Deutsch versteht.
  - Wenn ich «Arschloch» zu meinem Bruder sage, muss er lachen.
  - Wenn ich «Arschloch» zu meinem Nachbar sage, bekomme ich Ärger.

- Wenn der Andere wirklich ist, wie ich ihn wahrnehme, dann müsste alle Menschen von einander überwiegend gleich eingeschätzt werden:

  - Meine Frau ist die schönste Frau in der Welt:
    Aber zum Glück findet das mein Nachbar nicht.
    Er hat selbst die schönste Frau geheiratet.

- Wenn meine Kinder ausrufen beim draussen spielen:
  - empfinde ich dies als normal, fröhlich und akzeptabel.
    Mein Nachbar findet dies laut und abstossend.

- Wenn unser Kind krank ist, und wir zum Arzt gehen, und der Arzt nichts verschreibt,
  - empfinde ich ihn als einen sehr kompetenten Arzt (er verschreibt nur wenn es etwas braucht),
    die Mutter meines Kindes fühlt sich nicht ernst genommen als Mutter.

- Wenn eine Freundin von mir sich unwohl fühlt
  - nimmt sie sich selber als unattraktiv wahr.
    Wobei ich sie als attraktiv wahrnehme.

- Als ich 18 war,
  - empfand ich mich selber als sehr Erwachsen.
    Jetzt stufe ich (Ich bin jetzt 50), mich selber damals mit 18, als einen sehr jung-Erwachsenen / Volljährigen ein.

- Musik kann für die einen zu leise sein, für die Anderen aber zu laut.

- Eine junge Frau im Mini-Rock wird von der Einen als «schön» empfunden, jedoch von Anderen vielleicht als «sexy» oder «abstossend». Der dritte empfindet sie vielleicht als «Angeberin» oder sogar als «Hure». Alles ist möglich.

- Religionen und Kirchen kämpfen seit Jahrtausenden miteinander über die Frage: «Was ist der Wille Gottes und wie sollten seine Regeln interpretiert werden». Auch der ewige Streit über was Gut ist oder Schlecht ist, dauert schon seit vielen Jahrhunderten

Schlussfolgen:

Das Grund-Modell für unser soziales Verständnis, dass es nur eine Realität gibt, welche für alle gleich ist, ist ein sehr problematisches Modell, mit viel Elend und Streit als Konsequenz.

Ein Grund für all diese Inkonsistenten (Wiedersprüche) zwischen Model und Testergebnissen ist, dass kein klarer Unterschied gemacht wird zwischen «faktuale Realität» (messbar) und «erlebte Realität».

Auch wird die «Verantwortung für das Auslösen» der eigenen Empfindung» automatisch nach aussen verlagert: «Ich liebe dich, weil du ein Engel bist» und «Ich hasse dich, weil du ein Arschloch bist» und «das Essen ist eklig», «die Farbe ist schön», «das Auto ist klein», «das ist gut/schlecht».

Zweck:

Dieses primitive gut/schlecht-Model dient eigentlich nur einen Zweck:
Das Anlernen von emotionalen Regeln, welchen alle individuelle Menschen dazu bringen, selber die Gruppe/Religion/Nation ins Zentrum zu stellen. So sollten Ordnung und Einheit in der Gruppe entstehen.

Also: Gruppe vor Individuum.

Vorteil eines Glaubens- Systems:

Für das Verständnis von emotionalen Regeln braucht es nur ein Minimum an Intelligenz.
Auch rational ganz minimal ausgestatteten Mitmenschen, welchen vielleicht nicht lesen, schreiben, rechnen und planen können, sind in der Regel noch gut in der Lage zu Glauben und damit diese Regeln zu befolgen.

Die eigene Emotionalität wirkt dabei als anerkannter Schiedsrichter bei Konflikten. (Glaube dein Gefühl)

Das rationale Analysieren von einem sozialen Problem mit Rücksicht auf die Mechanik der individuellen subjektiven Realität:

Bewusstseins-Schritt 1: Die Trennung im Raum:

Logik:
Jeder hat recht aus seiner / ihrer Sicht betrachtet.
Dies Annahme gilt für alle Personen, für alle emotionale Instanzen einer Person und für alle Systeme wie Gruppen.

Kreiere Bewusstsein für objektiv und subjektiv. Die Grenze ist deine Sinnesorgane:
Wenn ich alle Sinnesorgane ausschalte, und dann betrachte was es alles gibt, dann nehme ich nur meine subjektive Realität wahr. (Vorstellungen von der Welt und Menschen, mich selber).
Ich mache meine Subjektivität bewusst.

Dann schalte ich meine Sinnesorgane wieder an
und schalte meine Subjektivität aus. (Erlebte Realität – Subjektivität = Faktuale Realität)

Mit den Sinnesorganen wieder angeschaltet zählt nur was emotionslos messbar ist zur Objektivität: (Grösse, Farbe, Gewicht, Form, Temperatur, Geräusch stärke und Tonhöhe usw.). Der Rest ist subjektiv.

Die wissenschaftliche messbare objektive Realität ist für alle gleich, sofern sie auf die gleiche Weise gemessen wird und das Messinstrument auch valide ist. Ein Messinstrument ist «Valide», wenn es misst, was es sagt zu messen, zudem das Resultat der Messung unabhängig ist von der messenden Person)

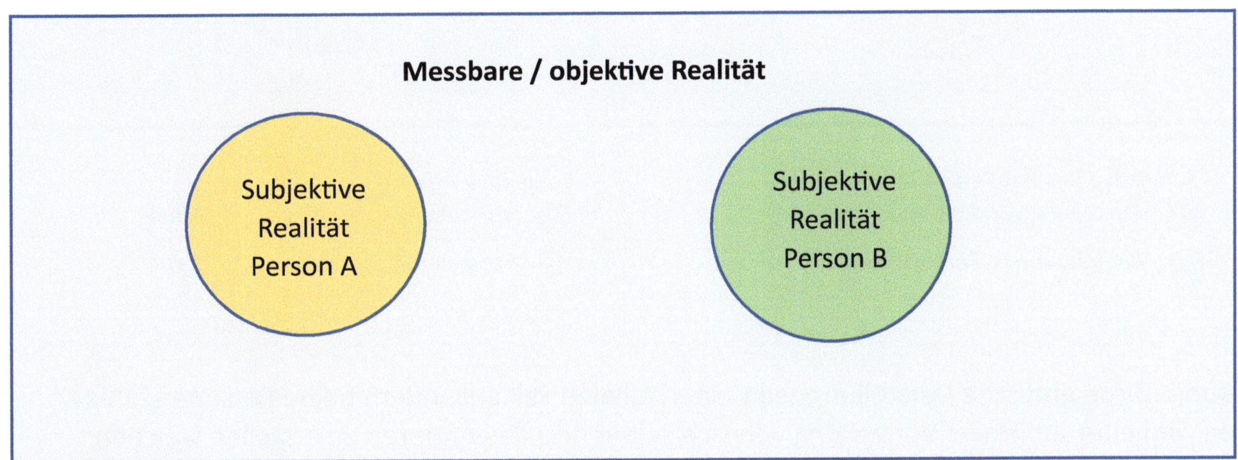

Logik:

- Jede Person kann nur subjektiv wahrnehmen mittels Informationen aus unzuverlässigen Messinstrumenten (Sinnesorganen).
- Anhand dieser schlechten Info wird eine Realitätsvorstellung erstellt von der Welt.

Damit ist automatisch auch unsere «Vorstellung der Anderen» subjektiv. Dies bedeutet konkret, dass, «so wie ich dich spüre und wahrnehme», von mir selber in meinem Gehirn erstellt ist.

Wenn ich meine «Vorstellung des Anderen» glaube (anders gesagt: ich identifiziere den Anderen mit meiner Vorstellung von Ihm), dann bekommt diese Vorstellung einen Platz in meiner Realität. Ich habe ein «Du» erstellt.

Das Gleiche gilt für meine Vorstellung von mir selber: Ich identifiziere mich selber mit meiner Vorstellung von mir. Ich habe ein «Ich» erstellt.

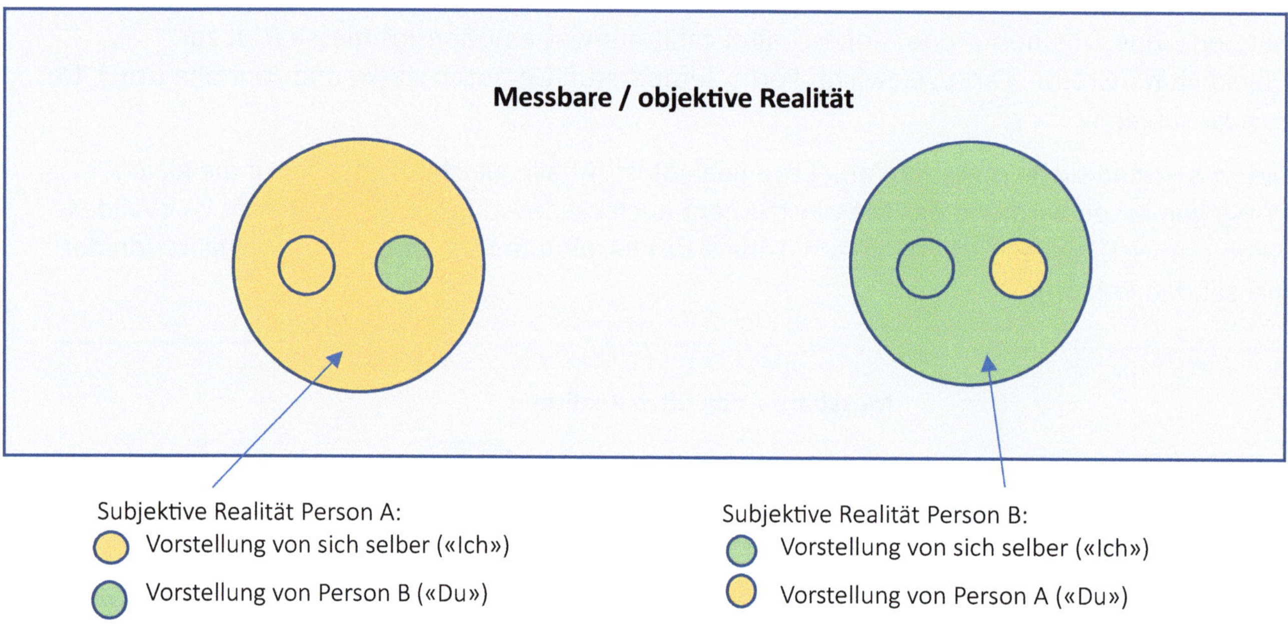

Bemerkung: Diese grafische Darstellung zeigt einen idealen Fall auf, indem beide Personen fähig gewesen sind eine subjektive Vorstellung von sich selber und des Anderen zu erstellen welchen auch die objektive Realität entspricht. (Formen und Farben sind korrekt).

Gerechte Verteilung der Verantwortung, damit Probleme gelöst werden können:

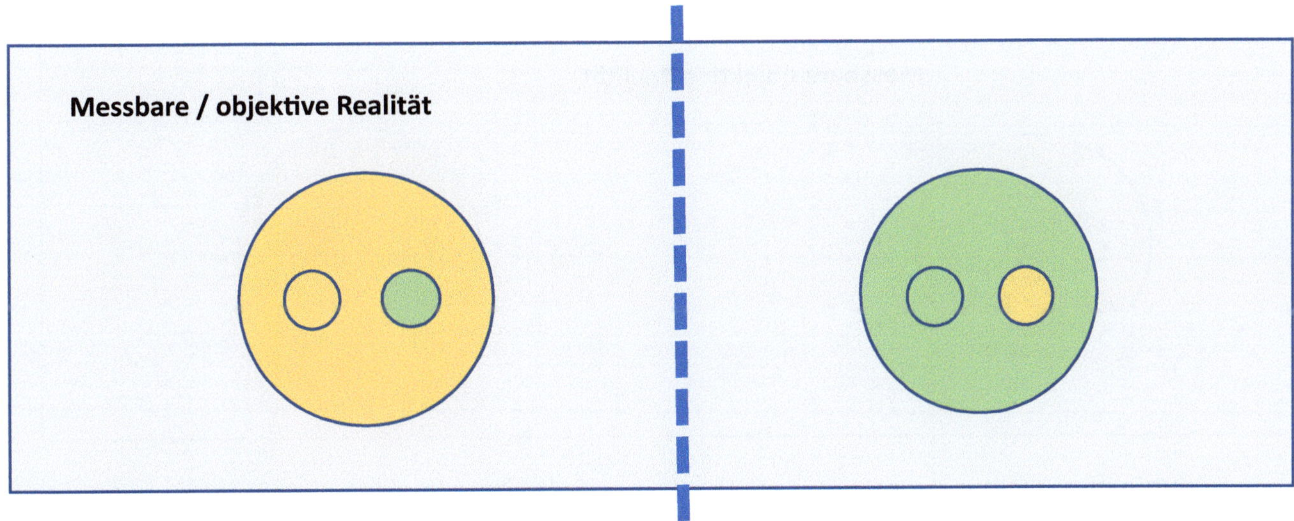

Verteilung:
- Jeder ist nur verantwortlich / zuständig für die eigene, selber erstellte subjektive Realität.

    Ich bin also zuständig für:
    - Wie ich den Anderen erlebe.
    - Wie ich mich selber erlebe.

    Du bis zuständig für:
    - Wie du dich selber erlebst
    - Wie du mich erlebst

- **Ich bin also nicht zuständig wie du mich erlebst und du bist nicht zuständig, wie ich dich erlebe!!!!!!**

Konflikte, welchen entstehen, weil wir an unsere Realität glauben:

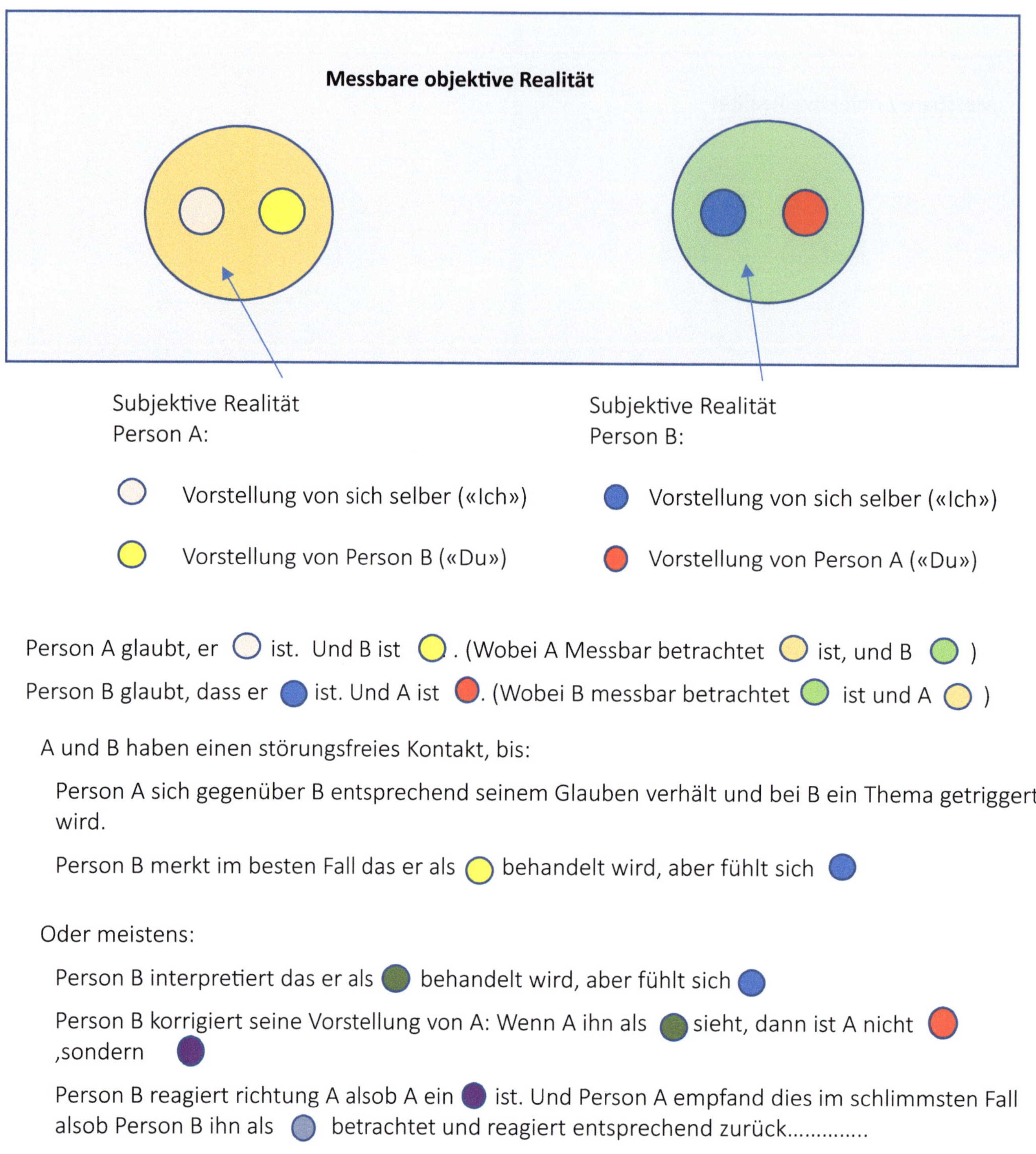

Person A glaubt, er ◯ ist. Und B ist ◯ . (Wobei A Messbar betrachtet ◯ ist, und B ◯)

Person B glaubt, dass er ● ist. Und A ist ● . (Wobei B messbar betrachtet ◯ ist und A ◯)

A und B haben einen störungsfreies Kontakt, bis:

Person A sich gegenüber B entsprechend seinem Glauben verhält und bei B ein Thema getriggert wird.

Person B merkt im besten Fall das er als ◯ behandelt wird, aber fühlt sich ●

Oder meistens:

Person B interpretiert das er als ● behandelt wird, aber fühlt sich ●

Person B korrigiert seine Vorstellung von A: Wenn A ihn als ● sieht, dann ist A nicht ● ,sondern ●

Person B reagiert richtung A alsob A ein ● ist. Und Person A empfand dies im schlimmsten Fall alsob Person B ihn als ● betrachtet und reagiert entsprechend zurück..............

Das Chaos ist komplett und ein sozialer Konflikt ist geboren:
- Keiner von beiden fühlt sich verstanden und es folgen die Vorwürfe Richtung des Anderen.
- Das Vertrauen ist geschädigt
- und beiden fangen an die eigene Sicht zu verteidigen oder die eigen Vorstellung der Sicht des Anderen an zu greifen.

Im Wesentlichen ist dieses Chaos einem fehlendes Bewusstsein für eine gerechte Verteilung der persönlichen Zuständigkeit zu verdanken.

Beispiele von unendlich viele Mögliche individuelle Realitäten bei sozialem Kontakt:

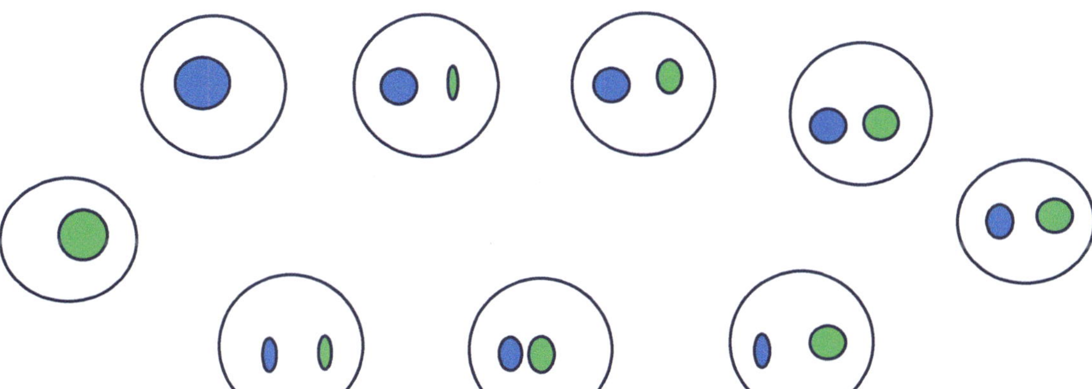

A) Meine Vorstellung wie der Andere (Person B) mich (Person A) sieht , und……..

B) wie er mich sieht

C) Wie ich der Andere betrachte   ….und…….   D) Wie er objektiv ist

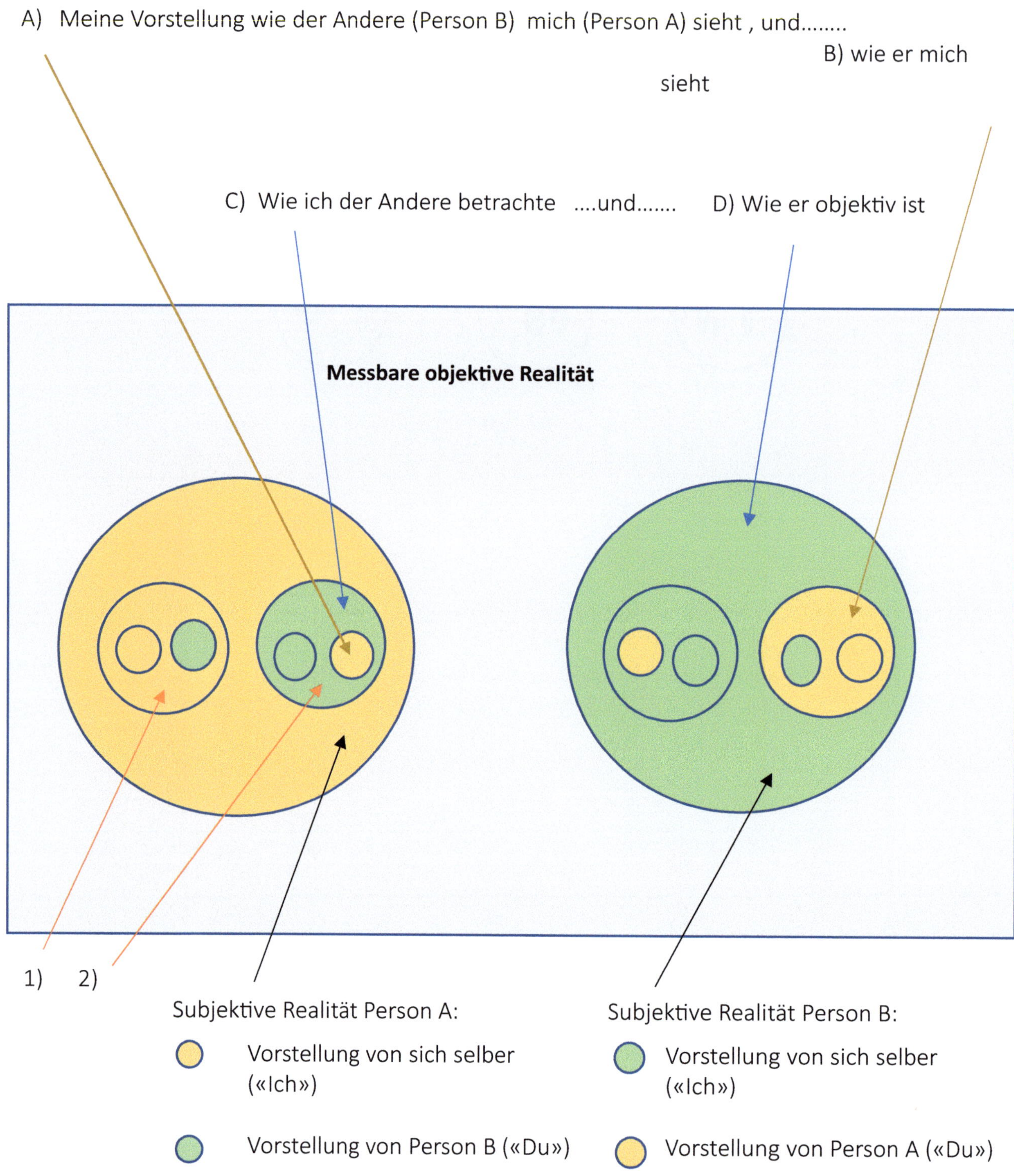

In dieser Darstellung der subjektive Realitäten von Personen A und B, ist A:
1) Sich sowohl bewusst von sich selber (A), als auch von der Anderen (B).
2) Er ist sich bewusst, dass er selber sowohl eine Vorstellung von sich selber hat, als auch vom Anderen.
3) Person A glaubt korrekt, dass Person B gleich bewusst und empathisch ist wie er selber. (Empathie = Die Fähigkeit eine Vorstellung vom Anderen aufbauen zu können.)

In dieser Darstellung sind die Projektionen (die eigene Vorstellung des Anderen) von Person A auf B, und von B auf A, korrekt: Beide Personen sind gleich empathisch

Bemerkung: Diese grafische Darstellung zeigt den Idealfall auf, indem beide Personen fähig sind eine subjektive Vorstellung von sich selber und die des Anderen zu erstellen welche auch der objektiven Realität entspricht. (Formen und Farben sind korrekt) .

Teil 8: Soziale Probleme lösen im Bewusstsein für die Mechanik der eigenen Realität

Meine Identifikation mit meiner eigenen Vorstellung von wie der Andere mich erlebt: Was ist zu tun?

Anfänger Missverständnis:

- Ich projektiere automatisch meine eigene Grundeigenschaften auf den Anderen
- Und identifiziere ich mich mit meiner Vorstellung von wie der Andere mich sieht.

Zum Beispiel «Empathie» (Die Fähigkeit eine vollständige Vorstellung des Anderen aufbauen zu können)

A) Meine Vorstellung wie der Anderen (Person B) mich (Person A) sieht , ... und ....
B) wie er mich sieht

C) Wie ich den Anderen betrachte   ....und.......   D) Wie er objektiv ist

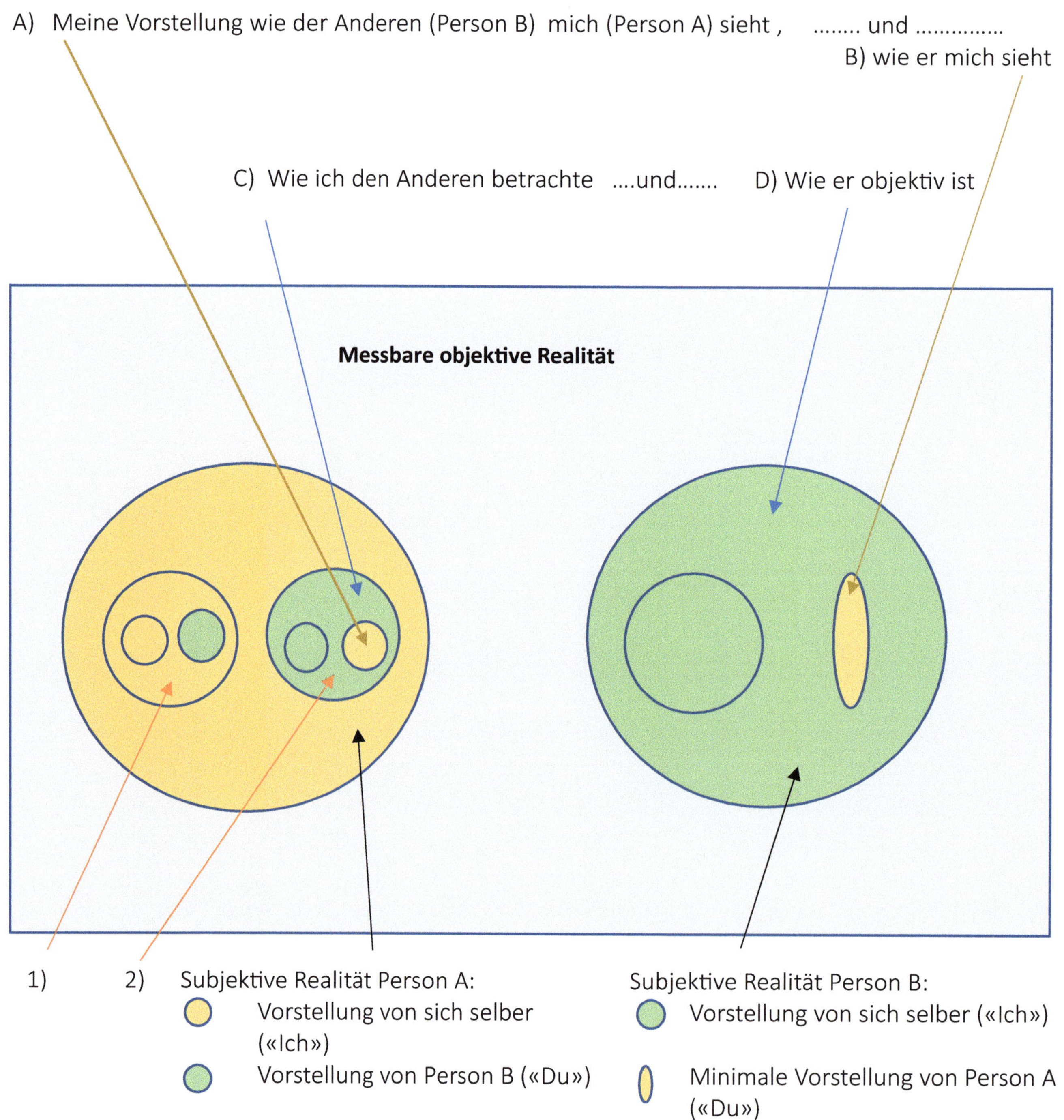

Subjektive Realität Person A:
Vorstellung von sich selber («Ich»)
Vorstellung von Person B («Du»)

Subjektive Realität Person B:
Vorstellung von sich selber («Ich»)
Minimale Vorstellung von Person A («Du»)

In dieser Darstellung der subjektive Realitäten von Personen A und B, ist A:
1. Sich sowohl bewusst von sich selber, als auch von dem Anderen.
2. Zudem ist er sich bewusst, dass er selber sowohl einen Vorstellung von sich selber als auch vom Anderen hat.
3. Person A glaubt zu unrecht, dass Person B gleich bewusst und empathisch ist wie er selber.

In dieser Darstellung sind die Projektionen von Person A auf B, und von B auf A, beiden inkorrekt

Fallbei spiel:

Eine empathisch-veranlagte Person A kommt nach einem langen Tag arbeiten müde nach Hause. Die nicht-empathisch-veranlagte Person B ist arbeitslos und hat den ganzen Tag nur ausgeruht und Fernsehen geschaut.
So bald Person A nach Hause kommt, sagt Person B: «Kannst du schnell etwas kochen, ich habe Hunger»

Person A geht in die Küche und hollt sich ein Getränk.
Person B sagt «Kannst du mir auch ein Glas Wasser mitbringen?»
Person A reagiert beleidigt und wütend: «Hol dir dein Wasser selber!»
Person B reagiert mit «Du bist ein Egoist, du denkst nur an dich selber»

Rationale Reflektion:
Person A projektiert auf B, dass B eine grosse empathische Vorstellung von A hat (so wie er selber eine grosse Vorstellung des Anderen hat). A glaubt somit automatisch, dass B sich bewusst ist:
- Dass A den ganzen Tag gearbeitet hat und müde ist.
- Wieviel extra Mühe und Arbeit es A kostet zu kochen

Zudem glaubt Person A, dass wenn Person B ihn als Mensch wertschätzen/lieben würde, Person B rücksichtvoller sein würde.

Person A glaubt die eigene Vorstellung von Person B und kommt emotional zu der Schlussfolgerung, dass Person B ihn mit Absicht ausnützt und missbraucht.

Objektiv betrachtet kann Person B jedoch keine klare Vorstellung von A aufbauen. Es ist ihm deshalb nicht bewusst wie A sich fühlt und wie sein Tag gewesen ist. Aus seiner Sicht verlangt er etwas Normales. Als Resultat fühlt sich angegriffen von Person A.

Lösung dieses Missverständniss:

In diesem Bespiel ist nur Person A fähig wieder Ruhe in der eigene Realität zu bringen.
Person B sollte zuerst seine wenig ausgeprägte empatische Fähigkeiten trainieren, insofern es welche gäbe. Auch könnte gesucht werden nach alternative Strategien für den Umgang mit Anderen trotz der eigenen Empathielosigkeit (z. B: Standard nachfragen wie es den Anderen geht, am Anfang eines Kontakts).

Person A durchläuft die 3 Bewusstseins-Schritte:

Bewusstseinsschritt 1: Jeder hat recht aus seiner Sicht:
- Person A hat aus seiner Sicht recht, wenn er sich stört an der Rücksichtlosigkeit von Person B.
- Person A hat recht aus seiner Sicht, dass er Person B vorwirft nichts gemacht zu haben.
- Person A hat recht aus seiner Sicht, dass er sich von Person B absichtlich ausgenützt und

missbraucht fühlt.
- Person B hat recht aus seiner Sicht, nicht kochen zu müssen.
- Person B hat recht aus seiner Sicht keine Rücksicht auf die Müdigkeit von Person A zu
  nehmen.
- Person B hat recht aus seiner Sicht, ein Glas mit Wasser verlangen zu dürfen wenn Person
  A in der Küche ist.
- Person B hat recht aus seiner Sicht, zu schimpfen wenn ihm die Hilfe verweigert wird.

Bewusstseinsschritt 2: Verantwortung korrekt verteilen mittels:
- «Wer bezahlt darf bestimmen, wer bestimmt muss bezahlen»
- .und die Entscheidung wo die eigene Grenzen gestellt werden
  (Die eigenen Grenze = «Zu was bin ich bereit zu machen und gleichzeitig zu zahlen»):

   Person A ist zuständig für:
1. Sich zu stören an Person B (Person A bestimmt das eigene Empfinden).
2. Die interpretation das Person B absichtlich rücksichtslos mit Person A umgeht, mit
   dem Ziel Person A auszunützen und zu missbrauchen (Person A bestimmt das
   eigene Empfinden).
3. Die Entscheidung zu kochen und Person B Wasser zu bringen oder nicht (Person A
   bezahlt mit Energie und Zeit).

   Person B ist Zuständig für:
1. Rücksichtloses Verhalten gegenüber Person A.
2. Nichts getan zu haben.
3. Das verweigern von Hilfe von Person A als egoistisch zu empfinden (Person B
   bestimmt das eigene Empfinden).

Bewusstseinsschritt 3: De-identifizieren (Bewusst in Frage stellen und überprüfen) von:
- «Der Andere» und «Meine Vorstellung des Anderen»
- «Mich selber und «Meine Vorstellung von wie der Andere mich sieht»

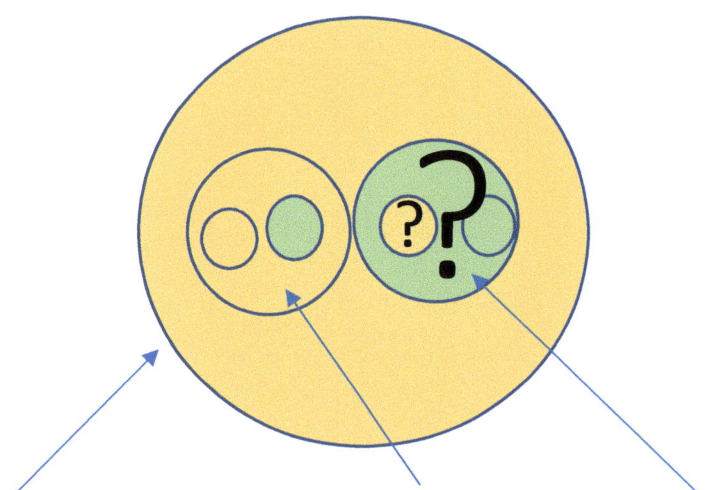

Meine eigene Realität mit einer Vorstellung von **mich selber** und einer von **der Anderen**

Die Fragen sind:

«Wie komme ich zu meinem recht aus meiner Sicht»:
- Wie habe ich gehandelt, mich geäussert und mich gefühlt?
- Welche Rolle, Emotionen und Veranlagungen schreibe ich mir selbst und der anderen Person zu, damit ich zu meinem recht aus meiner Sicht komme?
- Welche Vorstellungen habe ich, über wie er mich erlebt / betrachtet, damit ich aus meiner Sicht recht habe mit diesen Emotionen zu reagieren?
- Welche Programme sind aktiv, damit ich aus meiner Sicht zu meinem recht komme?

«Wie kommt der Andere zu seinem recht aus seiner Sicht»:
- Was hat der Andere buchstäblich gesagt und wie hat er messbar gehandelt?
- Welche Veranlagung könnte der Andere haben, damit er zu seinem recht aus seiner Sicht kommt?
- Welche Programme sind beim Anderen aktiv, damit er zu seinem recht aus seiner Sicht kommt?

Überprüfung von Beobachtungen und Annahmen auf Konsistenz:

a. Ist das Verhalten des Anderen immer gleich in der selben Situation?
b. Gibt es Ausnahmen?
c. Sind Muster sichtbar?

Beurteilung:

Wenn ein Person immer gleich tickt in der gleichen Situation, jedoch anders in Kontakt mit anderen Personen oder in anderen Kontexten, dann ist sein Handeln / Empfinden auf Grund eines emotionales Programms.

Wenn ein Person immer gleich tickt in der gleichen Situation, auch mit anderen Personen oder in anderen Kontexten, dann ist sein Handeln / Empfinden auf Grund einer Veranlagung.

Jede Annahme sollte geprüft werden mittels ähnlicher Situationen. So wird ein Person mit wenig Empathie, immer wenig Empathie haben. So wird er zum Beispiel schwierig spontan rücksichtvolle Geschenken kaufen können. Er wird sich nur an Regeln halten, wenn es zu seinem Vorteil ist oder Schaden von sich fern halten kann.

Folgen:

Wenn Person B sich in alle Situationen im Leben rücksichtlos zeigt und beim Testen sich zeigt, dass Person B keine deutliche Vorstellung des Anderen hat, dann kann Person A sein Sicht auf Person B ändern in:

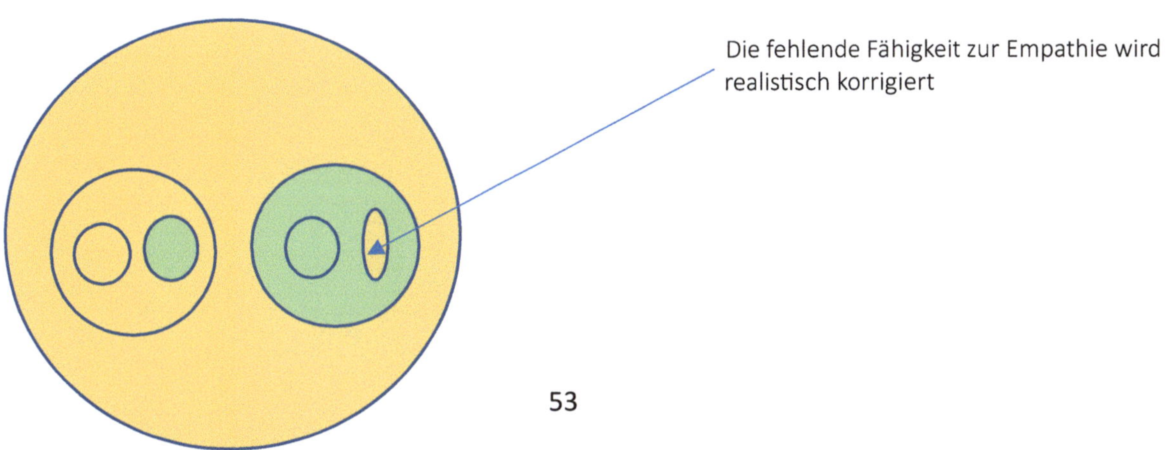

Es wäre empfehlenswert, dass Person A sich mittels eines Rollenspiels in Person B einlebt.
Es wird Person A dann bewusst, dass Person B gar nicht absichtlich rücksichtslos handelt, sondern nicht anders konnte.

Die nächste Schritt für Person A wäre sich erneut zu überlegen, ob und wie er einen Beziehung handhaben möchte mit Person B, diesmal mit einer Vorstellung von Person B, ohne Hoffnung oder Erwartung, dass Person B jemals rücksichtvol sein wird.

Person A kann sich überlegen, welche Grenzen er selber braucht, damit er sich wohl und entspannt fühlen kann ohne gross berücksichtigt oder verstanden zu werden von Person B.
(Meine Grenze = Wie weit bin ich bereit zu gehen und selber die Rechnung dafür zu zahlen)

Person B:

Person B könnte probieren seine minimale empathische Veranlagung zu trainieren. Es braucht dafür jedoch eine klare innere Motivation.
Dies bedeutet, dass Person B selber zur Einsicht kommen muss, eingeschränkt zu sein und gerne Energie in seine Entwicklung stecken möchte.

Mein Konflikt mit meiner Vorstellung einem Wunsch oder einer Erwartung des Anderen lösen

- Ich (Person A) glaube, dass Person B einen Wunsch oder Erwartung von mir hat:

<u>Bewusstseinsschritt 4: Bewusstsein entwickln in Bezug auf Wünsche und Erwartungen</u>

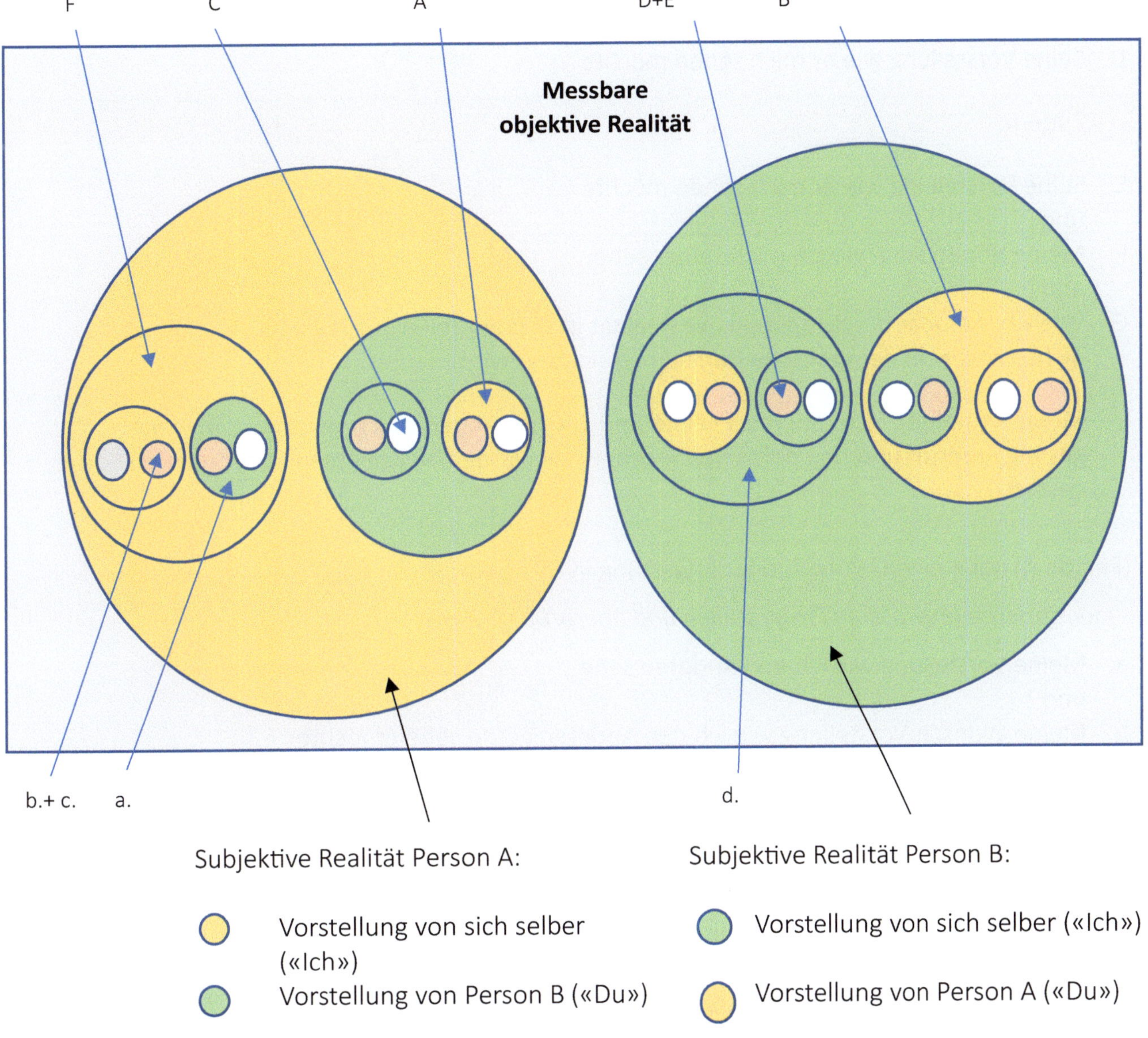

In dieser Darstellung der subjektive Realitäten von Personen A und B, ist A:

1. Sich sowohl bewusst von sich selbst, als auch von dem Anderen.
2. Zudem ist er sich bewusst, dass er selber sowohl einen Vorstellung von sich selber hat, als auch vom Anderen.
3. Person A glaubt korrekt, dass Person B gleich bewusst und empathisch ist wie er selber
4. Er ist sich bewusst, dass er selber einen Wunschvorstellung des Anderen hat, und einen Wunschvorstellung von sich selber hat. Zudem, dass Person B auch einen Wunschvorstelling von ihm (Person A) und von sich selber hat.
5. Und Beiden die gleichen Wünschvorstellungen, sowohl für sich selber als auch für den Anderen haben.

Bemerkung: In dieser Darstellung sind die Projektionen von Person A auf B, und von B auf A, idealer Weise korrekt.

De-Identifizieren (Bewusst in Frage stellen und überprüfen) von:

A. Meine Vorstellung wie der Andere (Person B) mich sieht
   und
B. Seine Vorstellung wie er mich sieht

C. Meiner Vorstellung wie er mich sehen möchte
   und
D. Seine Vorstellung wie er mich sehen möchte

   Zudem:

E. Seine Vorstellung wie er mich sehen möchte
   und
F. Meine Vorstellung wie ich mich selber sehe
   und
G. Wie ich messbar bin (Die subjektive Realität ist nur ein Teil eines Wesens, weshalb es nicht sichtbar in der grafische Darstellung sichtbar wird)

⇨ Meine komplette Sicht auf mich selber und wie der Andere mich sieht, wird in Frage gestellt, geprüft und neu definiert. Gegebenfalls werden anschliessend Grenzen neu gesetzt.

- Ich (Person A) habe einen Wunsch oder Erwartung in Richtung Person B:

De-Identifizieren (Bewusst in Frage stellen und überprüfen) von:

a. Meine Vorstellung wie ich den Anderen sehe
   und
b. Meine Wunsch-Vorstellung wie ich den Anderen gerne sehen möchte

   Zudem:

c. Meine Wunsch-Vorstellung wie ich den Anderen sehen möchte
   Und
d. Seine Vorstellung wie er sich selber sieht
   und
e. Wie er messbar ist (Die subjektive Realität ist nur ein Teil eines Wesens, weshalb es nicht sichtbar in der grafische Darstellung sichtbar wird)

⇨ Meine komplette Sicht auf der Anderen und was ich mir vom Anderen wünsche / erwarte, wird in Frage gestellt, geprüft und neu definiert. Gegebenfalls werden anschliessend Grenzen neu gesetzt.

Vorurteilen:

Meine Vorurteile sind gleich zu setzen mit meiner Sicht vom Anderen.
Somit brauche ich, zum Auflösen meiner Vorurteilen:
1. Meine Sicht vom Anderen bewusst machen.
2. Vergleichen mit wie er wirklich ist.

Bei Vorurteilen des Anderen über mich, kann ich umgehen lernen damit ich:
1 Anerkenne dass er recht hat aus seiner Sicht.
2 Neugierig untersuche, wie sein Sicht genau ist.
3 Untersuchen wie er zu seinem recht kommt.
4 Überprüfen ob seine Sicht auf mich passt bei «wie ich messbar handele und vorgehe» (nicht vergleichen mit «meiner Sicht auf mich selber»)
5 Gegebenfalls entweder meine Sicht auf mich selber korrigieren (wenn Vorurteile sich als begründet zeigen), oder Grenzen neu setzen, weil ich nicht zahlen sollte für die Sicht des Anderen von mir.

Problemen in der eigenen Gefühls-Realität lösen: Jede Eigenschaft als «Instanz» betrachten

Genau so, wie jeder Mensch recht hat aus seiner Sicht, und dieses Bewusstsein konstruktiv hilft sich selber und den Anderen genauer kennen zu lernen. (Veranlagungen, Kultur, Prägungen)

So auch hat jede «Instanz» in unser Gefühlswelt «recht aus seiner Sicht»

Wichtig für die Analyse ist sich die eigenen Instanzen (Gedanken und Gefühls-Stimmen) bewusst zu machen und auf Charakter zu untersuchen:

Die Gedanken und Gefühlsstimmen sind zum Beispiel:

- Neugierde
- Bedürfnis nach Intimität
- Bedürfnis nach Beziehung
- Spielerische Art / Lernen
- Elterninstinkt
- Selbst-Erniedrigung
- Selbst Behauptung
- Kampflust
- Neugierde
- Abstossung
- Flucht
- Liebe
- Angst / Furcht
- Wut / Zorn
- Freude / Wundern
- Trauer
- Ekel
- Gier
- Scham / Unterwürfigkeit
- Stolz / Selbstbeachtung
- Phantasie
- Emotionelle Reflektion
- Bedürfnis nach
- Essen / Trinken
- Mechanisches Denken
- Rationale Reflektion
- Räumliche Einsicht

- Logik
- Ziel-Orientation
- Begründen
- Planung
- Berechnen
- Analysieren
- Herden-Instinkt
- Fortpflanzung
- Gewissen
- Glauben
- Empathie
- Gefühl für Ästhetik
- Gruppe-Zugehörigkeit
- Gefühl für Hierarchie
- Non-Verbale Kommunikation
- Humor
- Sprache
- Wunsch Gerechtigkeit
- Mut
- Unbefangenheit
- Durchsetzung
- Vertrauen
- Offenheit
- Fröhlichkeit
- Unverlässlichkeit

Einteilung der Eigenschaften in Glaubens-Instanzen vs. Wissens-Instanzen

Glauben ist eine Annahme ohne Überprüfung. Zum Beispiel: Ich glaube die Pflanze ist echt / aus Plastik.

Wissen ist eine Berechnung / Zusammenfassung von Fakten, öfters in einem mechanischen System betrachtet
Diese Fakten sind emotionslose Tatsachen und sind das Ergebnis von Messungen.

Mehrere Schienen gleichzeitig

Gefühlschaos entsteht oft, wenn verschiedene Instanzen gleichzeitig aktiv sind.
So kannst du dich und traurig fühlen und gleichzeitig neugierig sein.
Oder du Sehnst nach etwas aber dein Gewissen verbietet es dir.
Du kannst die beste Lösung für deine Kinder wählen aber gleichzeitig dich selber vernachlässigt fühlen.

Jede Instanz hat eine eigene Stimme und Recht aus seiner Sicht. Die Konsequenzen einer Entscheidung werden merkbar per Instanz.
Wenn es eine rationale Instanz betrifft, werden die Konsequenzen nach rationeller Logik auftreten. Wenn es eine emotionale Instanz betrifft, gilt die emotionale Logik.

Emotionalität tickt also anders als Rationalität.
Wobei rationale Instanzen 1 + 2 + 3 gleich 6 ist, und am Ende nur 6 zählt und diese 6 die gewählte Strategie bestimmt, funktioniert dies anders bei emotionalen Instanzen.

Emotional werden die Konsequenzen dieser Strategie auf Instanz 1 und auf Instanz 2 und auf Instanz 3 aufspielen.

Beim Lösen der Gefühls-Chaos sollte also jede Instanz separat berücksichtigt werden wie auch die Konsequenzen.
Es kommt öfters vor, dass per Instanz eine Lösung nötig ist, damit du dich wieder ausgeglichen fühlen kannst.

Teil 9: Sozialisierungs-Probleme verstehen

Definition:
Sozialisierung ist das angelernte Verhalten im Umgang mit Mitmenschen und in Gruppen

Familie und Gruppen

Alle soziale Kontakten und die Familie und andere Gruppen sind emotional repräsentiert im Gehirn;
   - Um so näher am Ich, um so mehr emotionalen Einfluss.
   - Um so grösser die Bedeutung des Persons, um so grösser ist er representiert im Gehirn.

Familienstellen

Dieser systemische Einfluss wurde von Bert Hellinger untersucht und als Therapie-form angeboten mittels «Familien-Stellen»

Ich war selber auch einige Male am Familien-stellen.
Hier ist mir aufgefallen, dass manchmal Probleme wirklich gelöst wurden und eine klare Änderung im Empfinden auftrat, andere Male trat dies nicht auf und die Person kam nächstes Mal wieder mit der gleichen Thematik.

Als ich analysierte, wurde mir klar, dass einerseits das Glauben an die «Echtheit» der Aufstellung es vereinfachte sich mit der Rolle zu identifizieren wie einen Schauspieler, Anderseits dieses Glauben im Wege stand korrekt zu Interpretieren.

So wurde mittels Übungen das Mindset der Gruppe dahin geführt, dass «Alles Energie ist» und es möglich ist, sich in die Energie des Anderen zu versetzen als Stellvertreter.

Wenn ich zum Beispiel eine Frau aus der Gruppe als «meine Mutter»» aufstelle und positioniere und diese Frau sich dann in der Energie meiner Mutter versetzte, dann wurde geglaubt, dass sie emotional tatsächlich meine Mutter ist.

Entsprechend der Logik dieses «Alles ist Energie-Glaubens», wird geglaubt, dass wenn die stellvertretende Mutter während der Aufstellung zum Beispiel zeigt, dass sie ein Problem mit meinem stellvertretenden Vater hat, meine echte Mutter dieses Problem im wahren Leben auch hat.

Dieser Glaube hat die logische Folge, dass ich anschliessend nach der Aufstellung nach Hause gehen würde, meine echte Mutter von ihr Problem erzähle und von ihr erwarte ihr Problem mit meinem Vater zu lösen, damit ich glücklich sein kann.

Und dass funktionierte nicht.

Bei Aufstellungen jedoch, wobei ich nur Verständnis brauchte für die Geschichte meiner Familie, oder für meine eigene Dynamik, zum Beispiel mit meinen Patienten, hat dieses Aufstellen enorm geholfen.

Das Aufstellen hilft mit, unbewusste Muster oder Annahmen bewusst machen. Diese Mustern und Annahmen entstehen in meinem Gehirn und sind subjektiv, durch meine Brille wahrgenommen und interpretiert. Geschwister können genau gleich erzogen worden sein, jedoch komplett andere Erinnerungen haben und andere Muster oder Glaubenssätze gelernt haben (jeder hat die gleichen Botschaften selber anders interpretiert oder angenommen)

Meine Schlussfolgerung ist, dass Aufstellungen sehr gut funktionieren können als Problem-Lösungsstrategie, so lange in der Nachbesprechung der Aufstellung klar berücksichtigt wird, dass nicht die echte Realität aufgestellt wurde, sondern lediglich die eigene selber gebastelte subjektive Realität.

Genetik grob erklärt:

Ein Mensch bekommt seine Veranlagung genetisch vererbt von seinen Eltern und Grosseltern.
Jeder Mensch hat in jeder Zell-Kern 23 Chromosom-Paare.
Sowohl die Ei-Zelle, als auch ein Spermazelle besitzen jedoch nur 23 einzelne Chromosomen.
Nach der Befruchtung einer Eizelle von einem Sperma-Zelle, entsteht aus diesen zwei, eine Zelle mit wiederum 23 Chromosom-Paare. Aus dieser eine Zelle entsteht einen neuen Menschen mit Eigenschaften von beiden Eltern. Diese Eigenschaften selber sind wiederum eine Zusammensetzung von viele verschiedene kleinere Faktoren.

Es betrifft dominante und rezessive Faktoren.
Dominante Faktoren (Bild hier unter: A, B, D, E, F und G) treten immer in dem Vordergrund und rezessive Faktoren (Bild hier unter: c) werden nur Sichtbar, wenn das Kind von beiden Eltern diesen rezessiven Faktor vererbt bekommen hat (Bild hier unter: cc).

In manche Fälle, entsteht aus ein dominanter + ein rezessiver Faktor ein Misch-Bild (bspw.: Hautfarbe)

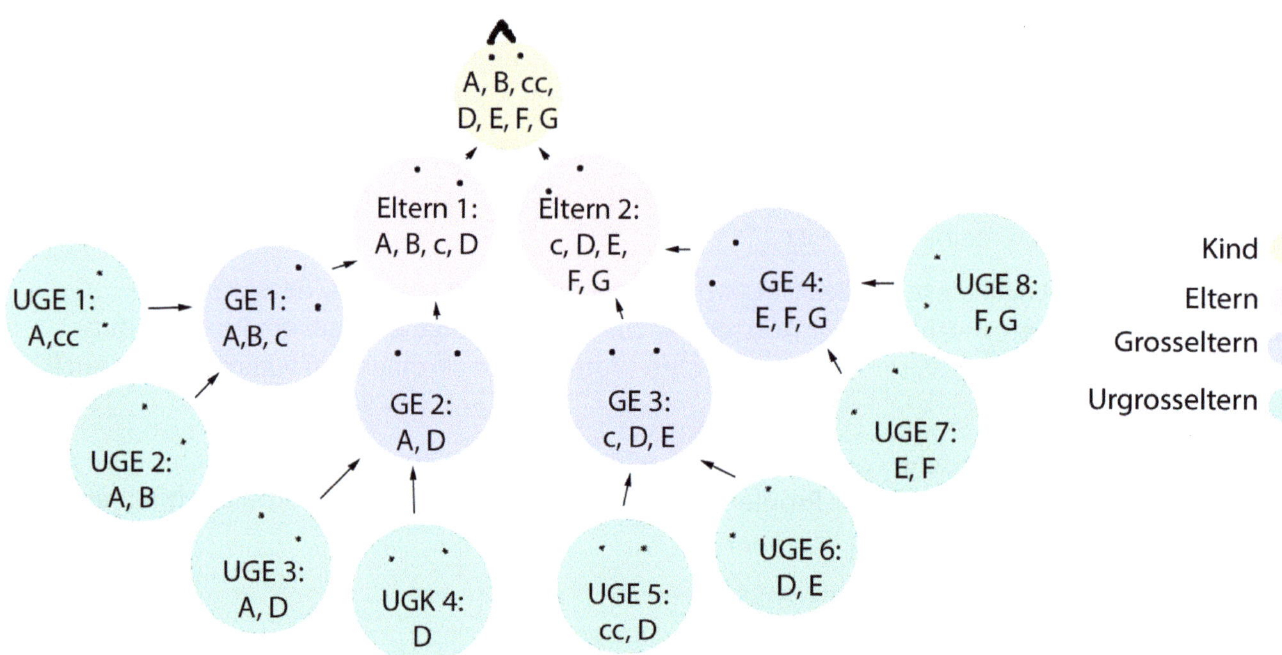

Beispiel 1:

X = Dominante Faktor, x = Rezessive Faktor
Vater **XX** (er liefert entweder **X** oder **X**)
Mutter **X**x (sie liefert entweder **X** oder x)

	Mutter Xx	Kind 1	Kind 2	Kind 3	Kind 4
Vater: **XX**					
X	**X**	**XX**			
X	x		**X**x		
X	**X**			**XX**	
X	x				**X**x

Sichtbar wird also die dominante Faktor **X** bei alle 4 der Kinder

Beispiel 2:

Vater **X**x (er liefert entweder **X** oder x)
Mutter **X**x (sie liefert entweder **X** oder x)

	Mutter Xx	Kind 1	Kind 2	Kind 3	Kind 4
Vater: **X**x					
X	**X**	**XX**			
X	x		**X**x		
x	**X**			x**X**	
x	x				xx

Sichtbar wird bei 3 Kinder die dominante Faktor X und nur bei Kind 4 der doppelte rezessive
Faktor x

Während die Embryonale Phase entwickelt sich den Fötus je nach ihrer Vererbung. Jedoch kommt
hier ein zusätzlicher Einfluss dazu, in der Form von dem Hormon Testosteron. Wenn eine Erbliche
Faktor im Entscheidende Moment in Berührung kommt mit Testosteron entwickelt es sich
Männlich, wenn nicht, dann Weiblich. Eine grosse Variation an Menschen kann also entstehen aus
nur einen Vater und eine Mutter.

Ein Kind lernt über Spiegelneuronen.
Das Kind schaut und ahmt das Verhalten seiner Vertrauensperson nach. So wenn so ein jemand sich vor ein Kind bspw. die Zunge streckt und hin und her bewegt, ahmt das Kind dies nach und streckt selber seine Zunge aus.

So auch mit Verhaltensmustern.
Das Kind wählt sich eine Person aus, und kopiert das Verhalten jedoch nach eigener Veranlagung und aus Kind-Sicht.

Mädchen wollen oft Mutter werden und schön sein wie ihre Mutter. Sie werden zur Prinzessin mit Puppe.
Buben wollen oft stark sein und streben Heldentum nach, wie der Vater. Sie werden zum Ritter.

Es wird gespielt. Grenzen werden gesucht und gefunden. Bedenke dabei, dass «Gleichgewicht gelernt wird beim Stürzen».

Die Prinzessinnen testen ihren Soziale Muster bezüglich des Umgangs mit dem anderen Sex auf den Vater.
Die Ritter testen ihnen Soziale Mustern bezüglich des Umgangs mit dem anderen Sex auf die Mutter.

Damit keine Volljährige Prinzessinnen und Ritter entstehen, brauchen die Buben es, von der Mutter zu spüren, geliebt zu sein ohne Heldentum und lernen dabei bedingungslos liebevoll auf sich selber zu schauen. Mädchen brauchen es u. a. vom Vater zu spüren auch ohne schönes Aussehen geliebt zu sein, und lernen sich für sich selber ein zu setzen und in Vertrauen Problemen eigenständig zu lösen.
Die liebevollen und verständnisvollen Eltern und Grosseltern, ermöglichen dem Kind sich sozial zu üben und korrigieren gleichzeitig liebevoll die Illusionen an die das Kind glaubt.

Die Eltern und Grosseltern funktionieren für das Kind als das «Original von Selbstbetrachtung». Diese Sicht von aussen auf das Kind, wird von dem Kind später kopiert.
So lernt das Kind sich selber von aussen zu betrachten. Zudem lernt es die Art vom Blick, womit betrachtet wird.

Und dann folgt der Abschied von den Eltern. Dass Kind liebt und versteht sich selber. Es kann sich selber Richtung und Halt geben. Es kann sich selber liebevoll betrachten, liebevoll korrigieren, liebevoll Verständnis haben, sich selbst helfen, fördern, trösten und über sich selber lachen. Es kann sich behaupten und schützen in der Welt. Es nimmt jetzt für sich selber die Eltern und Grosseltern wahr

Genetische Variationen + Verhaltensmuster: Die ideale Erziehung

Wenn ein Kind alle seine gesamte Veranlagung kennen lernen möchte und lernen möchte mit
alle seine individuellen Veranlagungen konstruktiv zurecht zu kommen, braucht es nicht nur
seine Eltern als Spiegel, sondern auch seinen Grosseltern und Urgrosseltern:

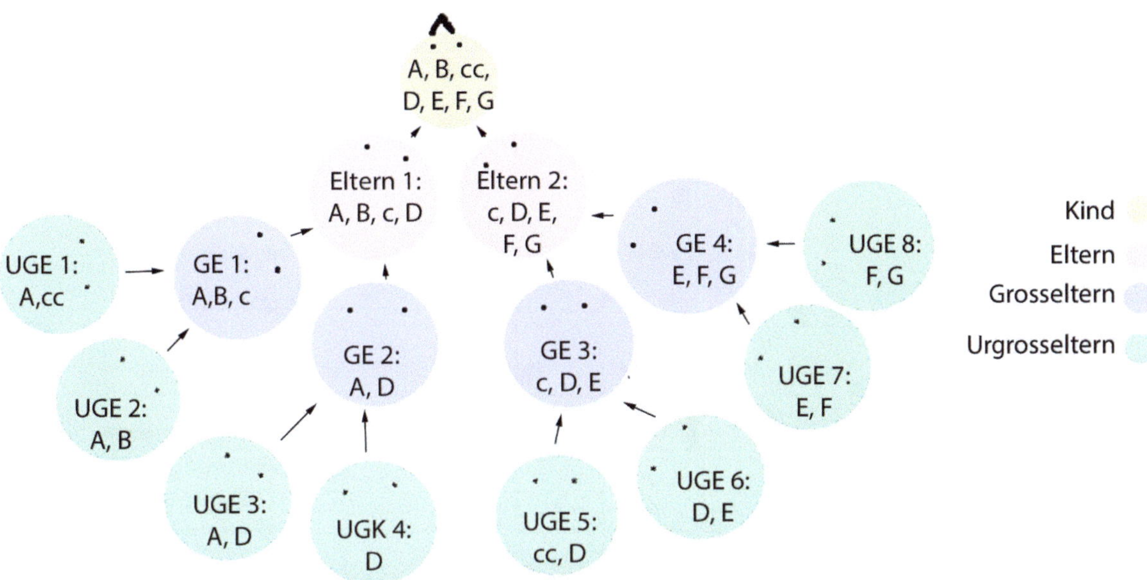

Das Kind kann sich bspw. korrekt spiegeln bezüglich:
Dominante Veranlagung A bei: Eltern 1, GE 1, GE 2, UGE 1, UGE 2 und UGE 3.
Rezessive Veranlagung cc bei: UGE 1 und UGE 5

Wenn genügend Vertrauen und Kontaktzeit innerhalb der gesamten Familie gibt, zudem die
Eltern und Grosseltern erwachsen (liebevoll anerkennend selbst- und sozialbewusst) mit ihren
eigenen Eigenschaften und Rollen ggü das Kind und einander umgehen, bekommt das Kind die
beste Möglichkeit selber seine Eigenschaften liebevoll zu integrieren, sozial konstruktiv zu
handeln, und damit erwachsen zu werden.

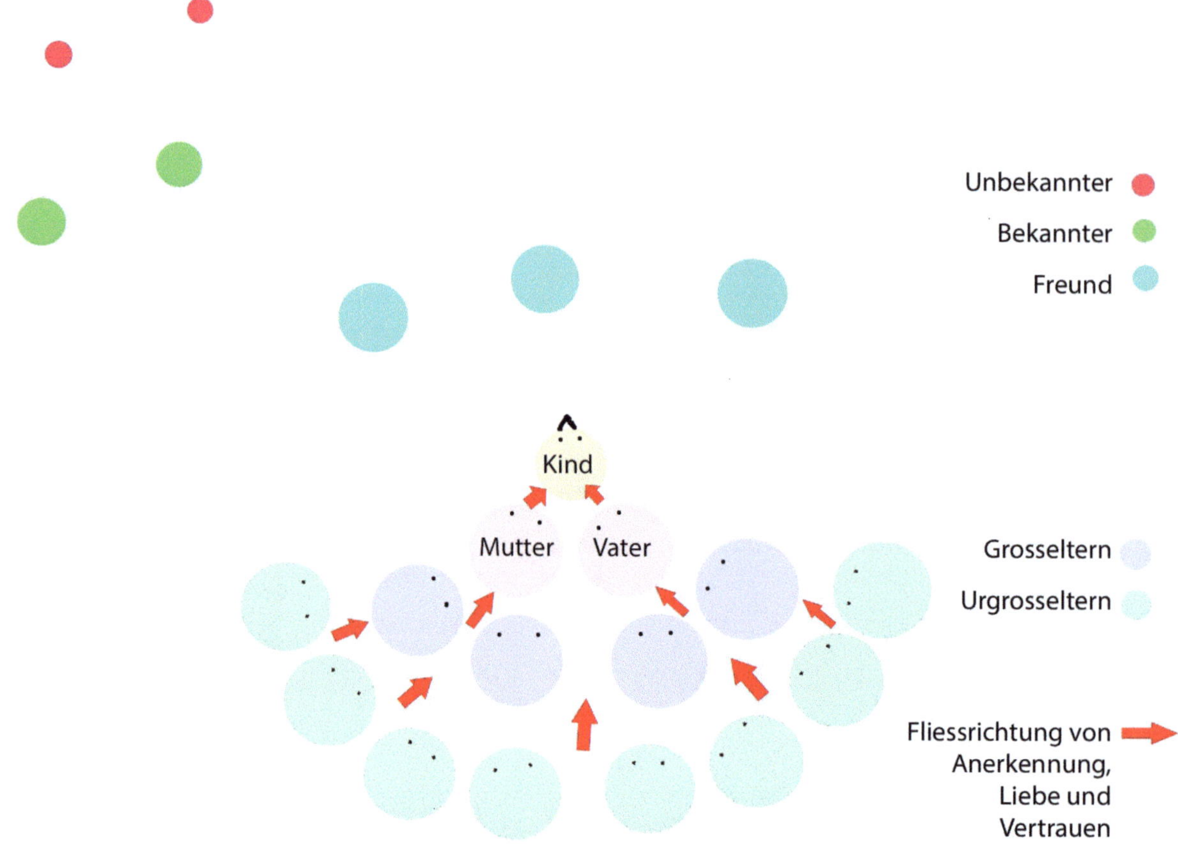

Bild:
Eine emotionale Aufstellung dieser Idealfall: Das Kind erlebt, mit seiner Familie «im Rücken»,
selbstsicher die Welt.

Erwachsensein im Idealfall:

Das Kind hat seine Veranlagungen kennengelernt und geübt mit seiner Familie. Zudem hat es
gelernt seine eigenen Veranlagungen reflektieren und liebevoll entwickeln und wertschätzen zu
können.

All seinen Veranlagungen sind zur Blüte gekommen und es ist unabhängig geworden von der
Familie.

Aufwachsen in dem üblichen nicht-Idealfall:

Diese idealen Voraussetzungen scheinen vielleicht einfach umsetzbar, sind es aber nicht. Weil, wo
findet man wirklich vollständig erwachsene Menschen die all ihre Eigenschaften liebevoll
betrachten können und sozial-konstruktiv leben, in einer Welt voller:
- Vorstellungen von Gut/Schlecht
- Religionen
- Nationalismus
- Extrem-Glauben
- Schwierige Lebensumstände
- Eingreifende Lebenserfahrungen
- Beschränkte Schulungsmöglichkeiten
- Sexismus (Männer- / Frauen-Rollen)
- Usw. usw.

Sie allen nehmen ihren Einfluss auf die Gesunde Entwicklung eines Menschen und die entstandenen Defizite werden anschliessen von Generation auf Generation weitergegeben.

Es darf jeder klar sein, dass es keine eindeutige Regel gibt für Milliarden an Menschen. Dass Ziel von dem oben umschriebene ist also nur, zum Bewusstsein entwickeln für Dynamiken während der Entstehung, Entwicklung und Wachstum eines Menschen.

Zudem ist die oben umschriebene Erziehung kaum umsetzbar. Eine vollständige Begleitung in diesem Ausmass ist lediglich unter absolute Ideal Umstände möglich.

Die Bedürfnis-Pyramide von Maslow:

Wikipedia schreibt: Die Maslowsche Bedürfnishierarchie, bekannt als Bedürfnispyramide, ist ein sozialpsychologisches Modell des US-amerikanischen Psychologen Abraham Maslow (1908–1970). Es beschreibt auf vereinfachende Art und Weise menschliche Bedürfnisse und Motivationen

Erziehung, mit dem Ziel, sich selbst zu verwirklichen, steht in der Pyramide ganz oben. Es ist nur möglich, wenn allen Stockwerken unterhalb erfüllt sind. Es steht ganz oben, hat deshalb die niedrigste Priorität im Leben.

Leben können ist die höchste Priorität

Im Leben bleiben ist die Nummer 2

Entwicklung (Das Leben verbessern) ist Nummer 3

Selbstverwirklichung steht ganz unten

Schlussfolgerungen:

Löcken in der Erziehung und dass Entstehen von Defiziten in der Entwicklung sind also vorprogrammiert.

Es braucht also eine Methodik, diese Defizite erkennen zu können und unterentwickelte Eigenschaften wachsen zu lassen

Teil 10: Emotionales Verhalten und Empfinden über Körperhaltung und Bewegung identifizieren:

Logik:
- Alle emotionalen Beziehungen mit Menschen, Gegenstände, Organisationen, Gruppen, Phantasie-Vorstellungen, usw. entstehen immer in meinem eigenen Gehirn und sind von mir selber erstellt worden.
- Auch meine Vorstellungen davon, wie sie mir begegnen und betrachten.
- Obwohl eine Projektion auch korrekt sein kann, spielt die eigene Vorstellung der Anderen eine Rolle in meinem erlebten Konflikt.

Damit können alle Vorstellungen in meiner Realität Gefühlen oder Gefühls-Konflikten verursachen.

Wie kannst du vorgehen damit du emotionale Körpersprache, rational reflektieren kannst:

In der Regel fängt es an mit einem Gefühl oder mehreren Gefühlen.

Wenn dir unklar ist, welche Emotion du spürst, gibst du diesem Gefühl mal richtig Raum. So bald du das Gefühl deutlich spürst, fängst du an, deine Körpersprache zu lesen und sie dir zu merken mit einer Sicht von innen heraus.

Oft scheint die Körpersprach zu minimal zu sein, sie lesen zu können.
Es macht dann Sinn, dieses Gefühl extra «auf zu blasen, wie ein Ballon»:
Stelle dir vor, dass du dieses Gefühl dem ganzen Universum mitteilen möchtest, sowohl mit Körpersprache, Mimik als auch mit Geräusch.

Ich fühle	Ich blase dieses Gefühl auf bis spontan eine Bewegung stattfindet:

	Gier

Oder:

Ich fühle:

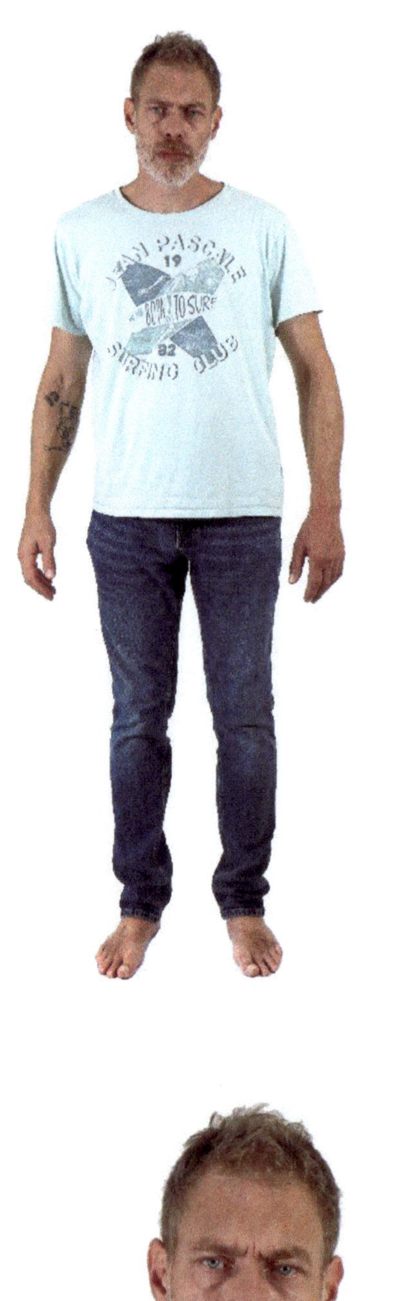

Ich blase dieses Gefühl auf bis spontan eine Bewegung stattfindet:

Wenn dir dies gelungen ist, wird es deutlich einfacher dir deine Körpersprache und Mimik zu lesen und merken.
Es gibt eine lange Reihe an möglichen Gesichtsausdrücken und Körperhaltungen.

Die wichtigsten Kriterien für die Analyse und Beurteilung eines non-verbales Gefühlsausdrucks:

1. Die Richtung der körperlichen Bewegung (nach vorne, hinter, oben, unten)
2. Die Richtung der Aufmerksamkeit (nach aussen, innen, vorne, hinter, oben, unten)
3. Die Richtung der inneren Bewegung (nach aussen, innen, vorne, hinter, oben, unten)
4. Wo im Körper wird Kraft oder Kraftlosigkeit wahrgenommen
5. Wie verhalten sich die Hände sich: (offen, geschlossen, angespannt, entspannt, Fäusten, greifend, abwehrend)
6. Position von Armen und Beine
7. Wie wird der Kopf positioniert gegenüber dem Oberkörper (Kinn nach vorne, nach hinter, Kopfschräge)
8. Was machen die Augen: extra gross gemacht, oder extra klein, gespannt oder entspannt, fixiert auf etwas oder locker schauend oder starrend
9. Mund: offen, zu, Kiefer locker oder Zähne aufeinander, beissen.
10. In welche Richtung stehen die Mundwinkel?

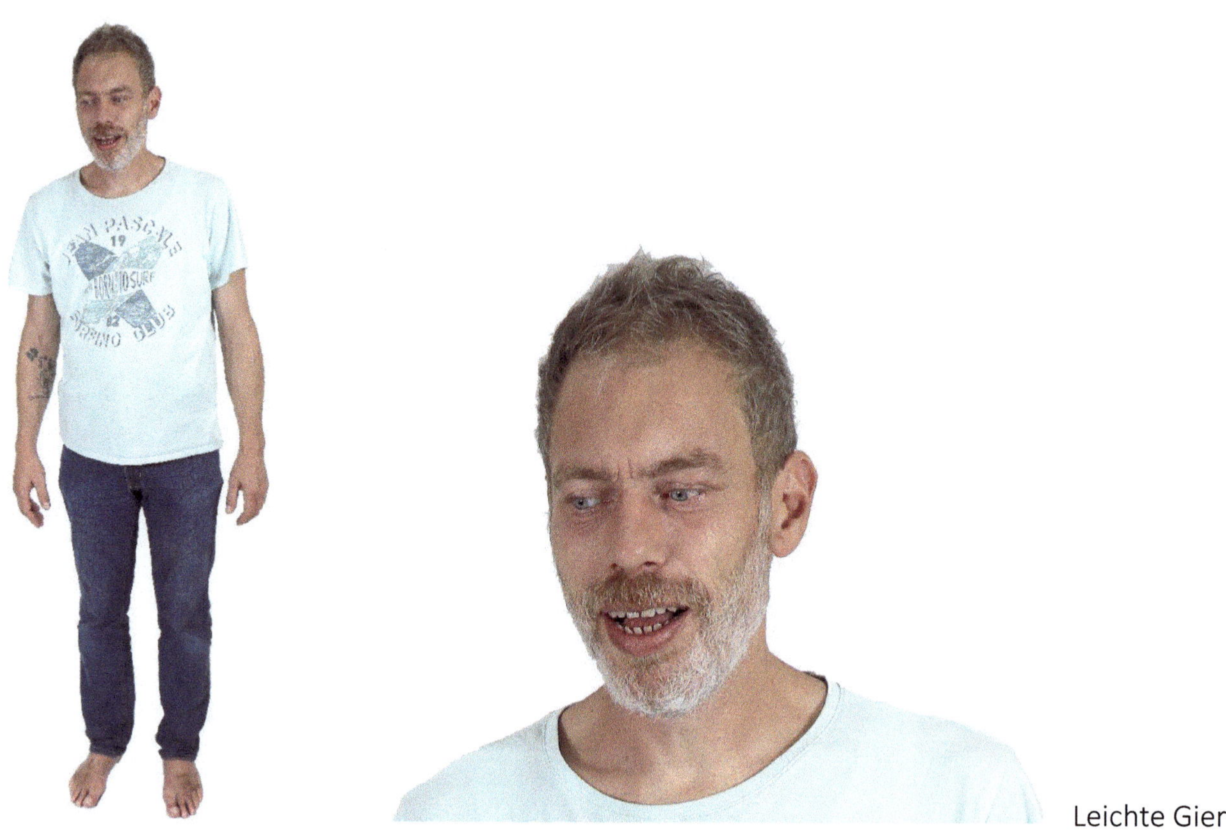

Leichte Gier

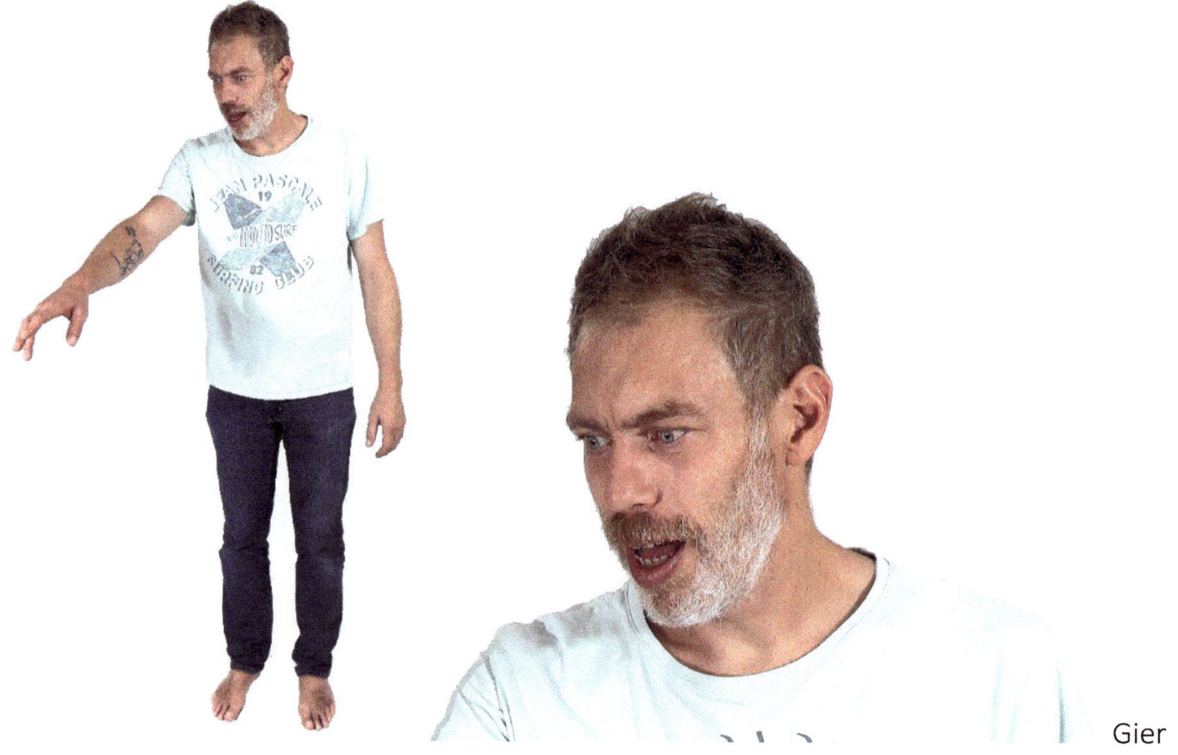

Gier

Habgier

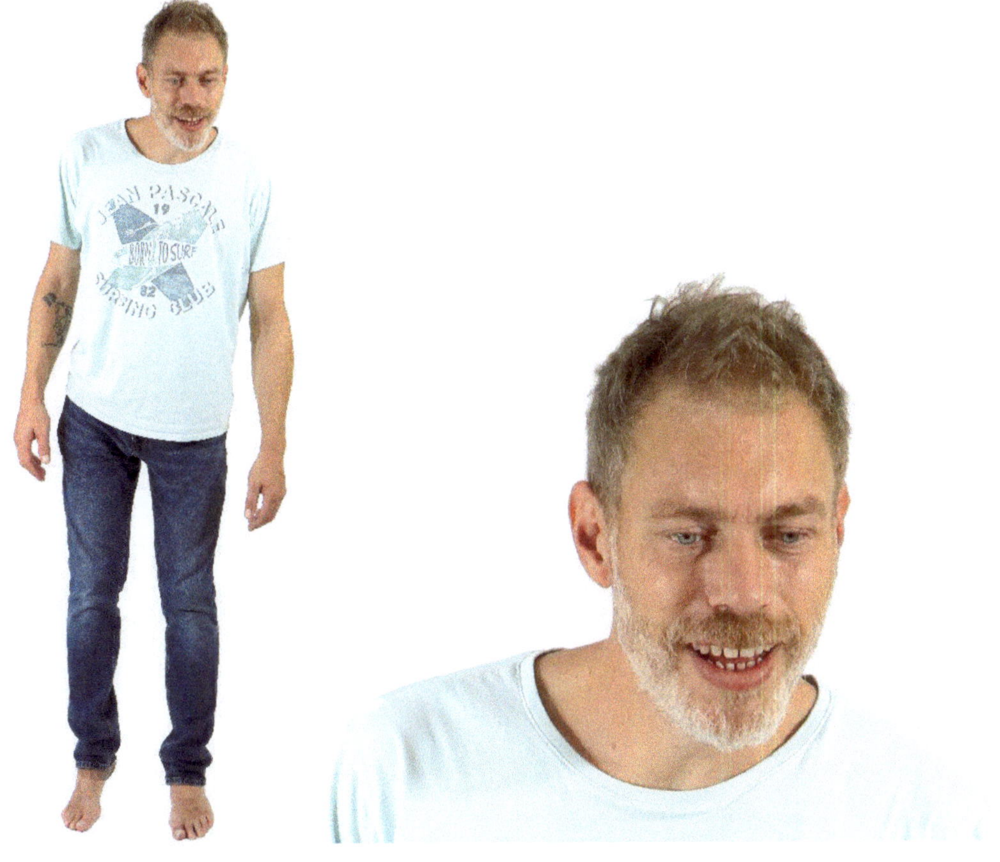

Neugier

72

Erwartung

72

Leichte Wut

Mässige Wut

Fortgeschrittene

Wut

Starke Wut

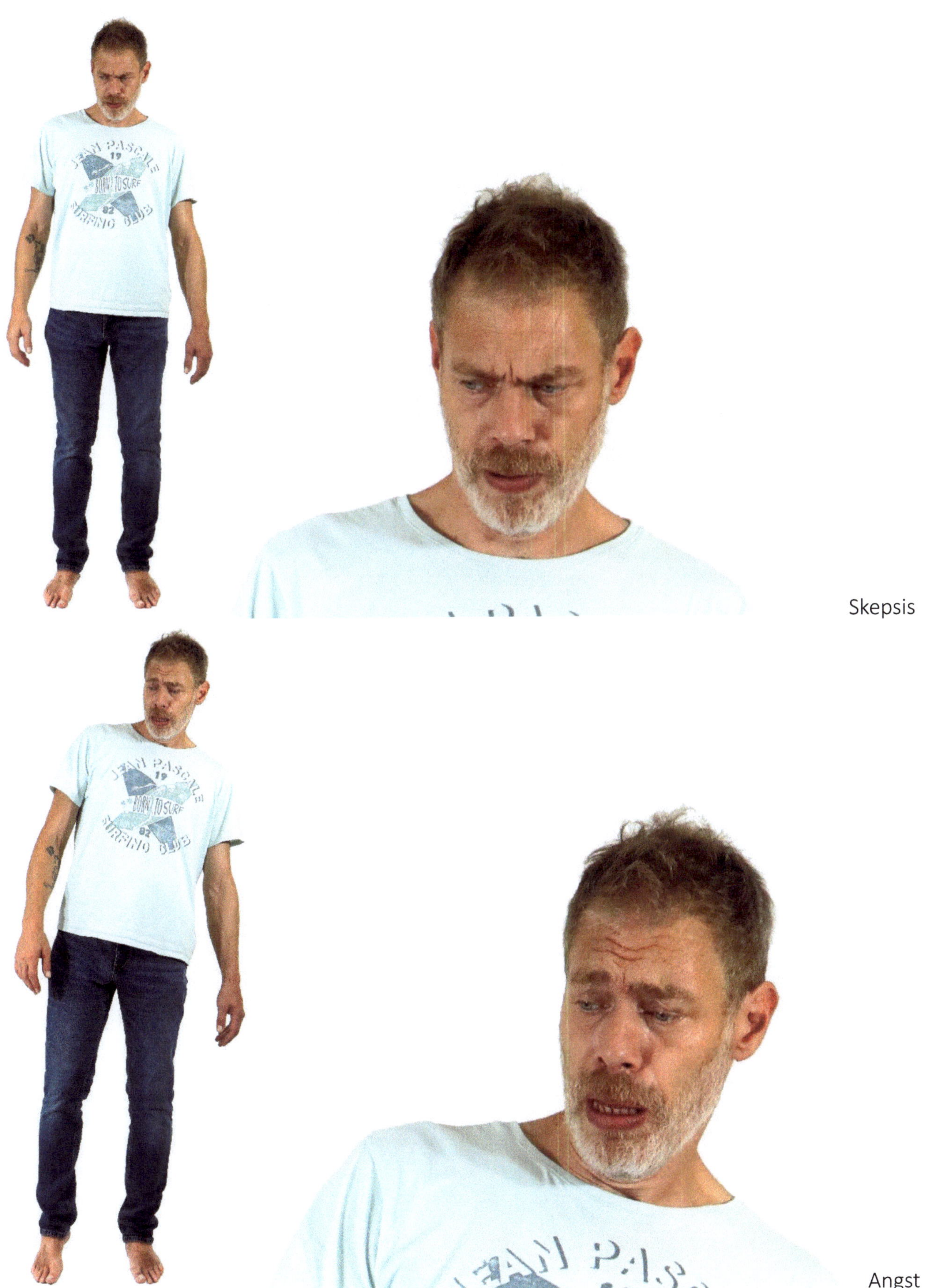

Skepsis

Angst

Schreck

Grosse Schreck

Ekel

Starkes Ekel

Flugzeug schauen

Aufmerksamkeit nach oben / Körper Neutral / innere Bewegungsstille

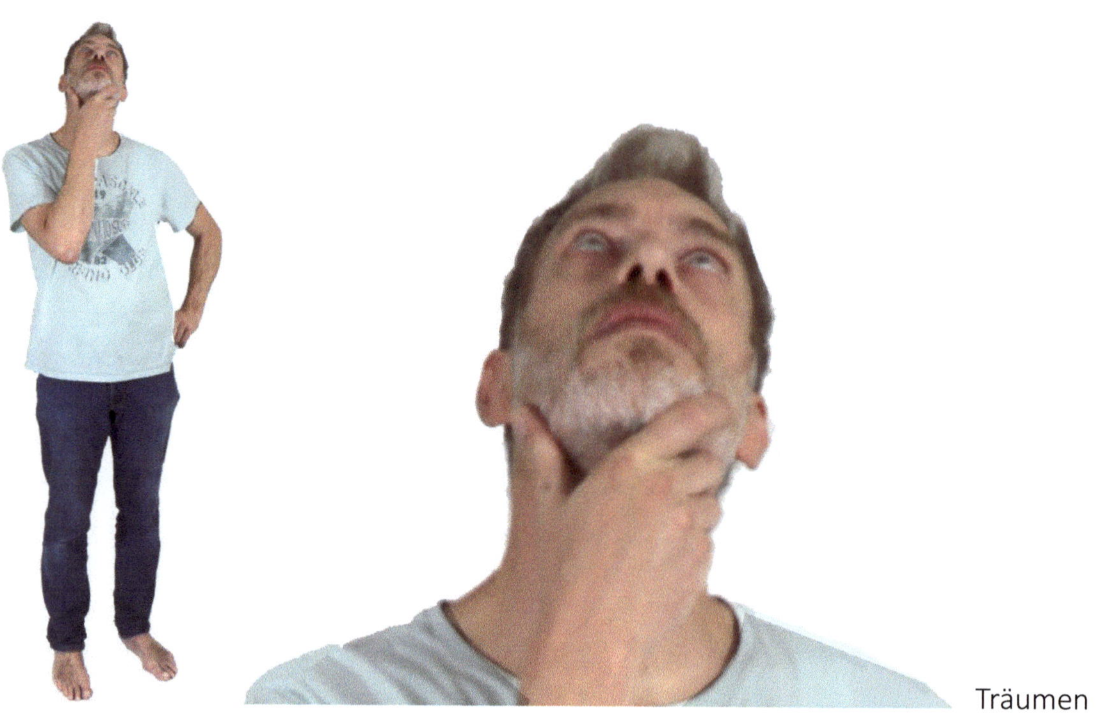

Träumen

Arroganz

Leiden

Scheu

Überwältigt

<u>Aufmerksamkeit nach oben / Körper nach unten / innere Bewegung nach oben</u>

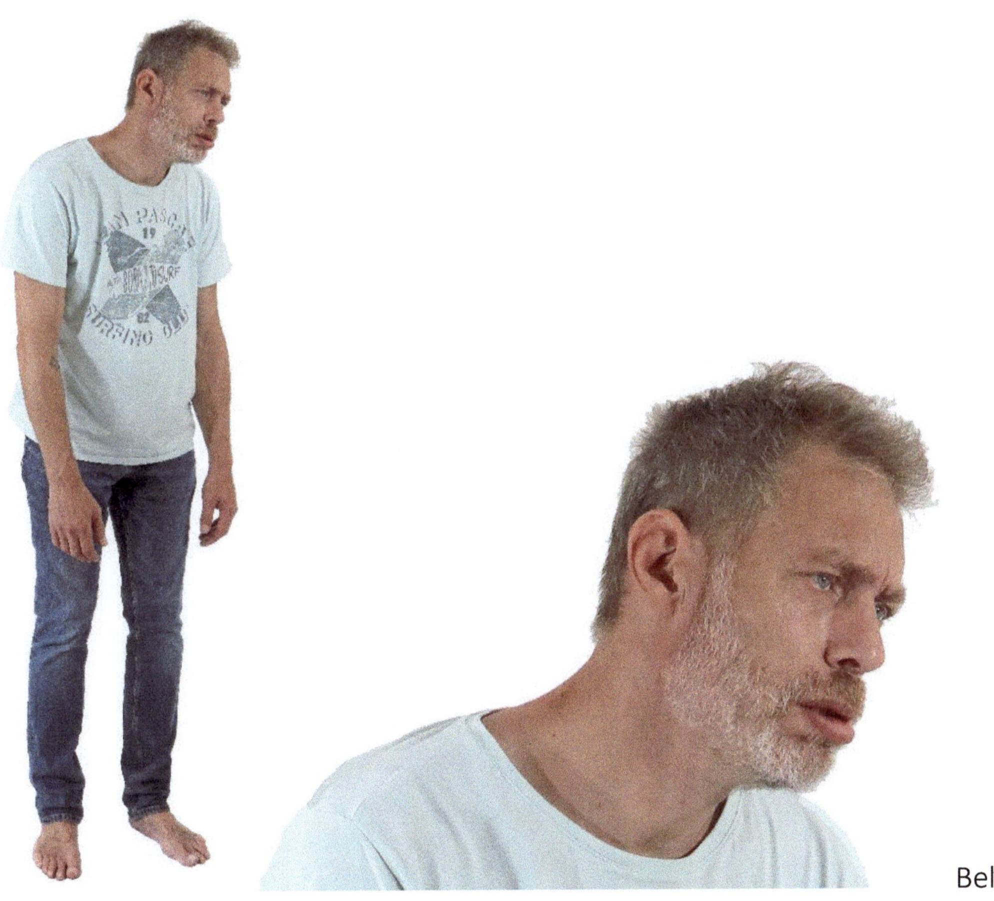

Belastet

<u>Aufmerksamkeit nach unten / Körper nach unten / innere Bewegung neutral</u>

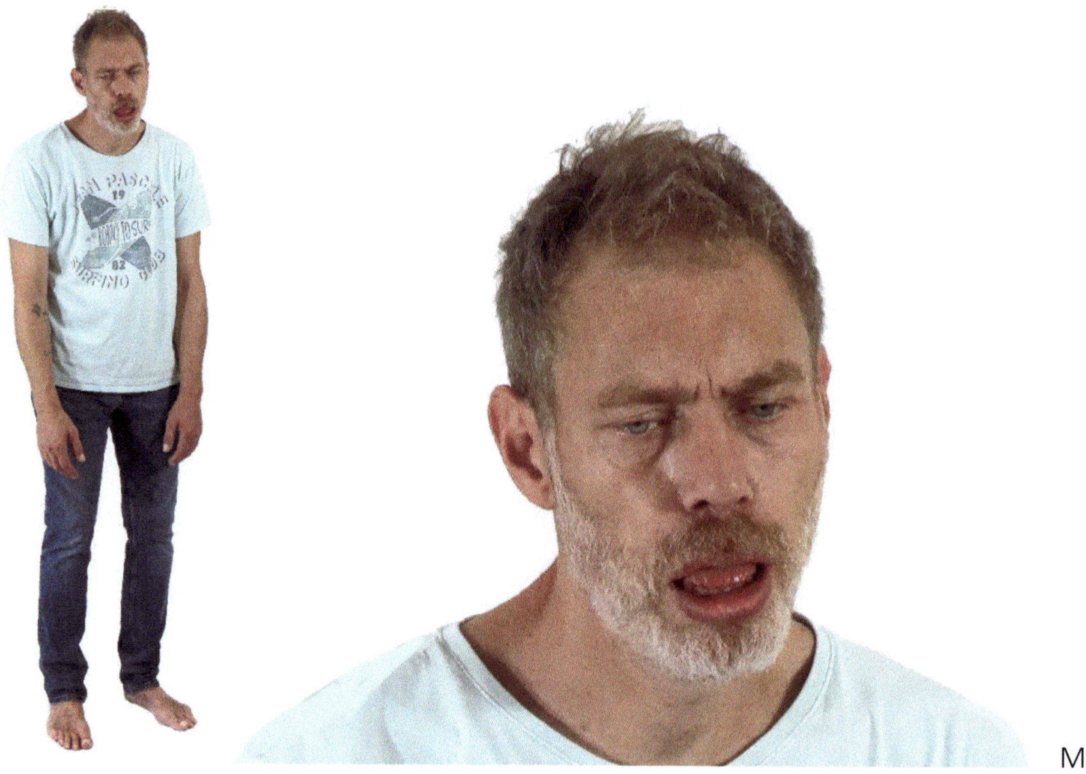

Müde

<u>Aufmerksamkeit nach unten / Körper nach unten / innere Bewegung nach unten</u>

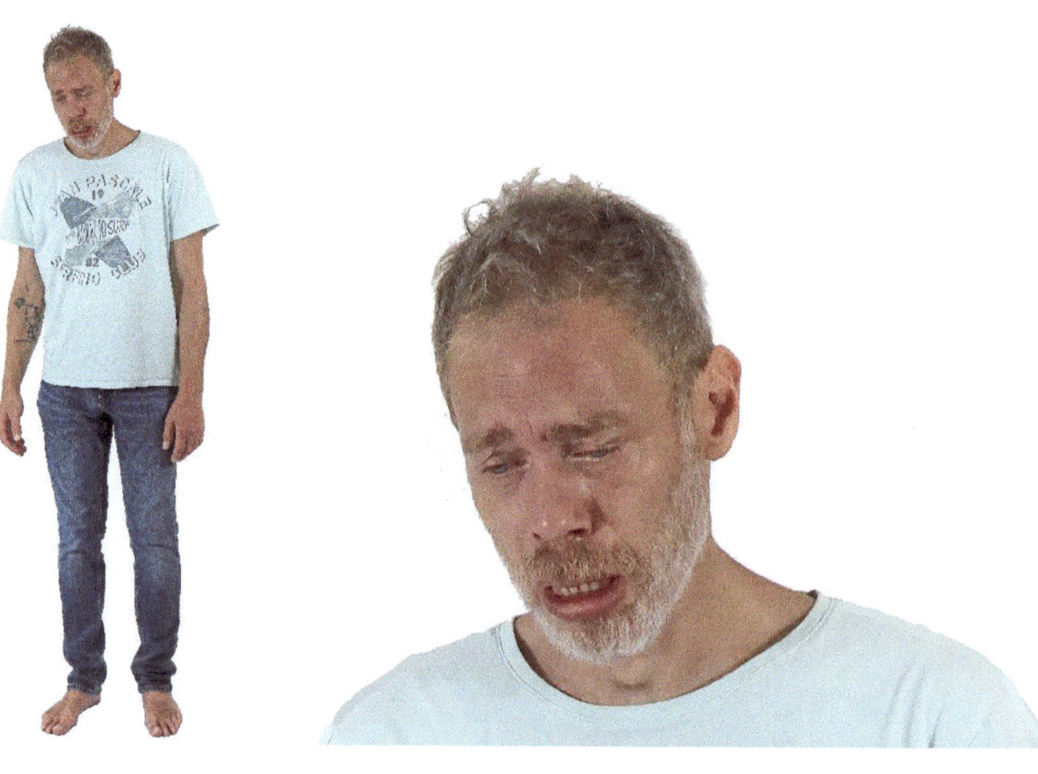

Trauer

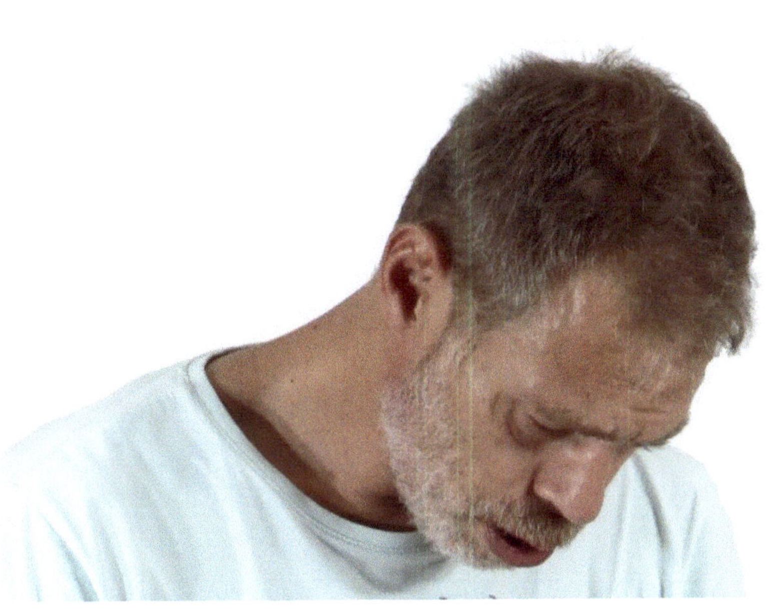

Resignation

Elternliebe

In Frage stellen

Fragend

Schüchtern

Kritisch im Frage stellen

Liebevoll

Verliebt

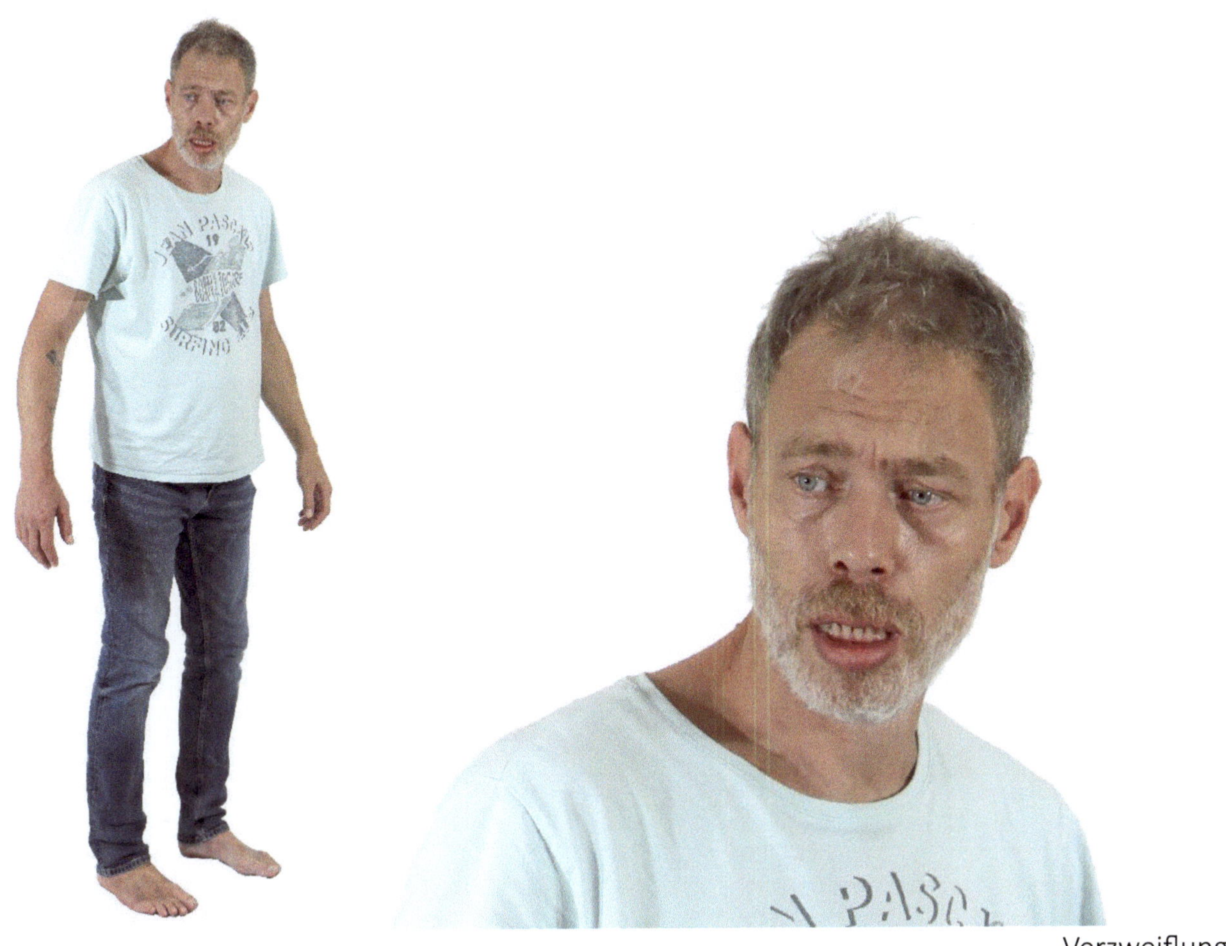

Verzweiflung

Fröhlich

<u>Aufmerksamkeit ruht in sich selber in Vertrauen/ Körper entspannt / innere Bewegung: Schenken / Empfangen ohne Erwartung</u>

Mitte- Position

Teil 11: Entdecken der eigene Unterentwickelung und Ablehnung der eigenen Eigenschaften in sozialen Kontakten

Einführung:

Es ist davon aus zu gehen, dass sehr viele Menschen (wenn nicht alle), Defizite haben in ihre Selbstverwirklichung. Anders gesagt: Es gibt Ablehnung oder Unterentwicklung in manchen Eigenschaften und/oder ist die Weiterentwicklung Richtung ein erwachsenes Selbstbewusstsein lahmgelegt oder ist hängen geblieben.

Beispiel 1:

Da alle Urgrosseltern verstorben sind, ist es für das Kind unmöglich geworden, seine Eigenschaft «cc» zu spiegeln innerhalb der Familie

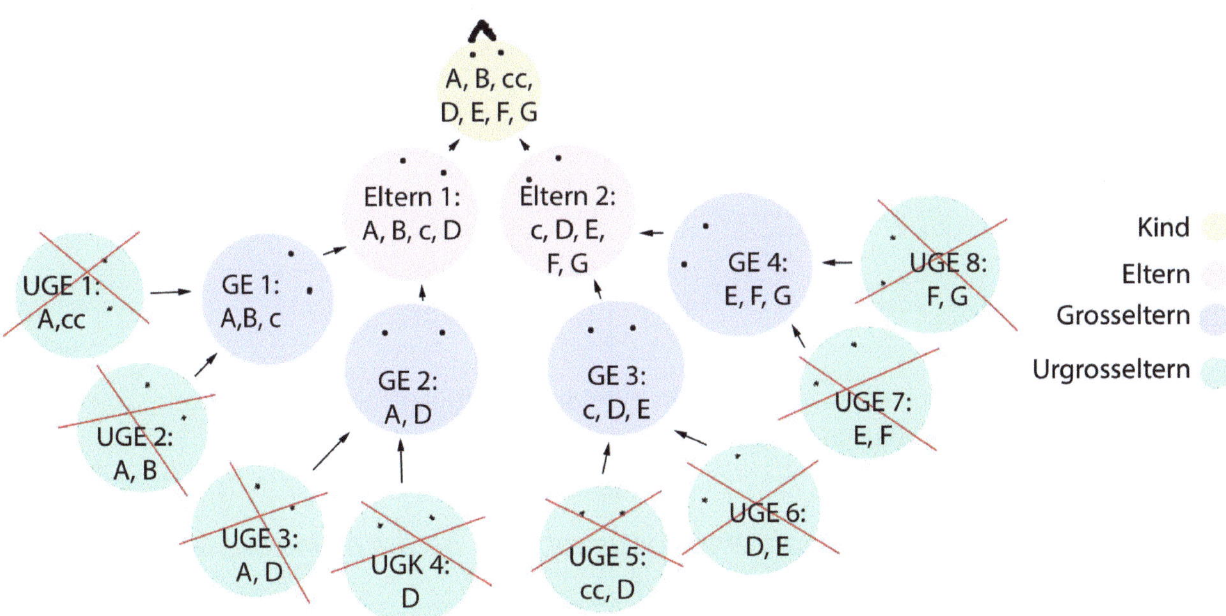

Beispiel 2:
  - Die Urgrosseltern sind verstorben.
  - Eltern 1 hat sich von Eltern 2 geschieden und versorgt das Kind alleine. Es gibt ein
    «Kampfscheidung», wobei das Kind noch sehr jung ist.
  - Wegen dieses Streites lehnt Eltern 1 die Eigenschaft G von Eltern 2 stark ab und reduziert den
    Kontakt mit der Familie von Eltern 2 bis auf null.

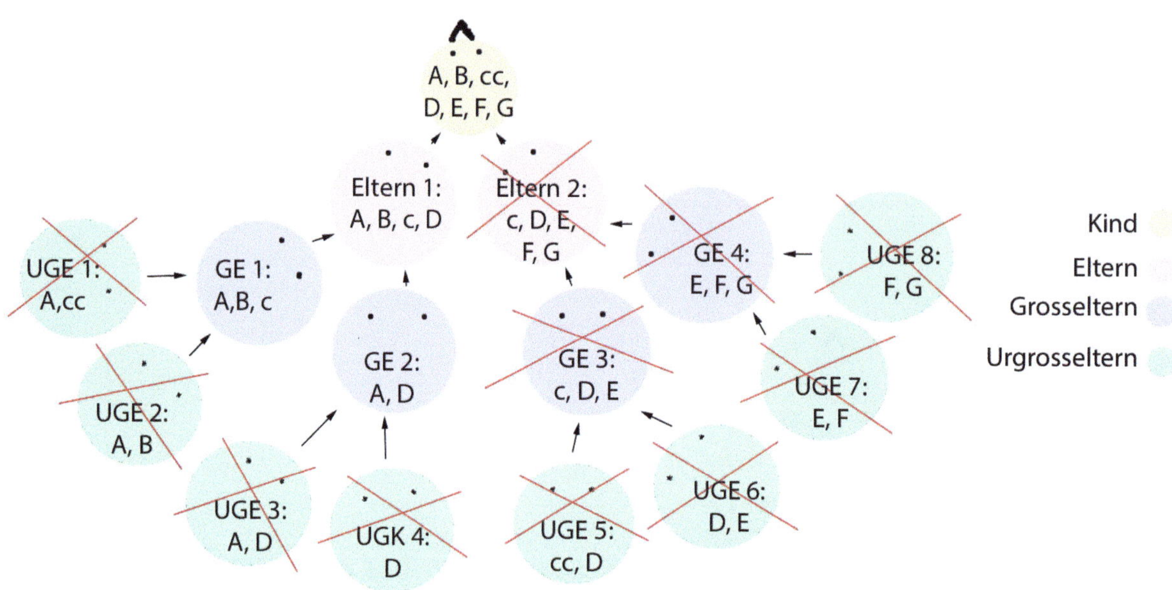

Folgen:
  - Dass Kind kann seine Eigenschaften «cc, E und F» nicht innerhalb der Familie entwickeln.
  - Zudem lernt es, seine Eigenschaft «G» abzulehnen

Die familiäre Vertrauensrahmen: Sowohl eine Voraussetzung, als auch eine Bremse für Entwicklung

Die Funktionen von Eltern in einer gesunden Erziehung, sind:
- das Bilden eines Vertrauensrahmens.
- Sie dienen als Spiegel für die ähnliche Veranlagungen wie ihr Kind sie hat.
- Sie sind die LehrerInnen im Umgang mit diesen veranlagten Eigenschaften.

Die Beziehung mit den Eltern ist eine von Abhängigkeit als Kind. Die Eltern / Grosseltern werden erlebt als «Wurzeln». Ohne Anerkennung dieser Wurzeln fühlt man sich als Kind ausgeliefert an die Welt.

Folgen:
  Die Familie als Teil der emotionalen Realität des Kindes, bindet es an der Familie. Sie hindert daran mit veranlagten Eigenschaften anders umzugehen. Es besteht die Gefahr eines Vertrauensbruches mit der Gruppe, bei allem was von der Gruppenmoral als unmoralisch empfunden wird.
  Darüber hinaus wird dieser Vertrauensbruch mit dem eigenen Wurzeln als katastrophal für das eigene Leben eigeschätzt, weil in der abhängigen Kind-Sicht, die Eltern/Familie den notwendigen Schutz, Anerkennung, Vertrauen und Liebe geben.

Die sensible / empathische Person:

Kennst du das? Du kommst in Kontakt mit Bspw. deiner Mutter. Sie erzählt über ihr Leben und ihre Kontakte zu den anderen Familienmitgliedern. Alles ist natürlich prima in Ordnung. Dies sagt sie dir zumindest... Aber du spürst sofort alle Konflikte und Emotionen. Es lässt dir keine Ruhe und du kannst nicht anderes als probieren die ganzen Konflikte zu lösen oder frustriert zu akzeptieren, dass es ist wie es ist innerhalb der Familie: Emotionales Chaos.

Wieso passiert dies eigentlich?

Betrachtet aus der Sicht «Jeder lebt in seiner selber erstellten Realität», sieht dies so aus:

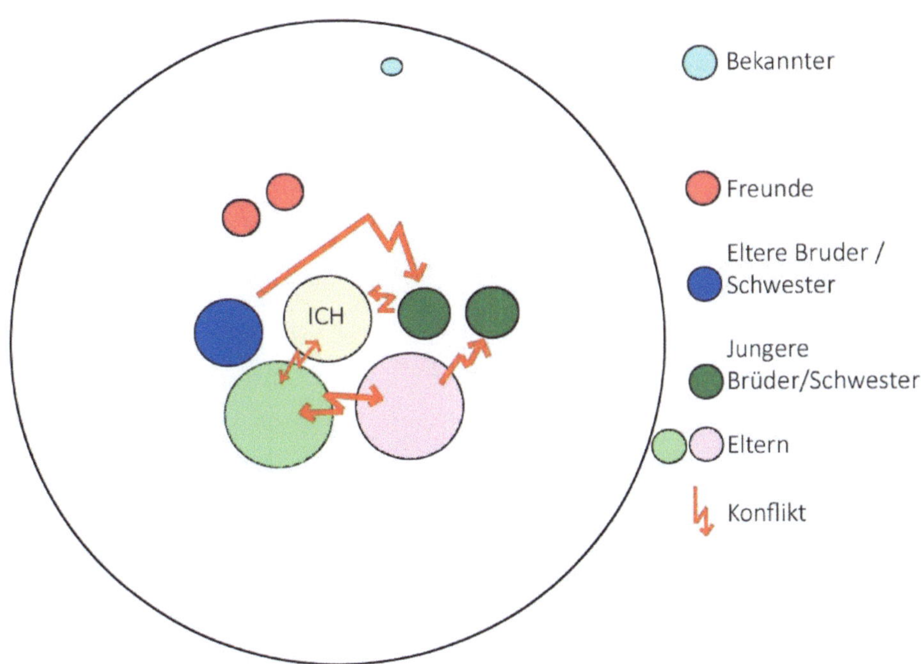

Bitte bedenke, dass du all diese erlebte Personen und alle Konflikte, selber erstellt hast in deinem Gehirn.
Du glaubst und fühlst, dass die gespürten Personen ausserhalb von dir sind, sind sie aber nicht! Sie sind nur ausserhalb deiner Vorstellung vom «Ich».
Die faktuale Personen sind ausserhalb von dir und die erlebten Personen und Konflikten sind in deinem Gehirn entstanden.

Dies kostet haufenweise Energie. Zudem bist du unfähig, selber diese Konflikte zu lösen.
Kein Wunder, dass du überfordert bist.

Die Lösung, damit du zur Ruhe kommst ist gerade der Verzicht auf das Lösen des Familienkonfliktes, emotional unabhängig von der Familie zu sein und in allem erwachsen (emotional selbstversorgend) zu werden.

In einem Bild dargestellt, könnte die Realität des betreffenden Erwachsenen beispielsweise so aussehen:

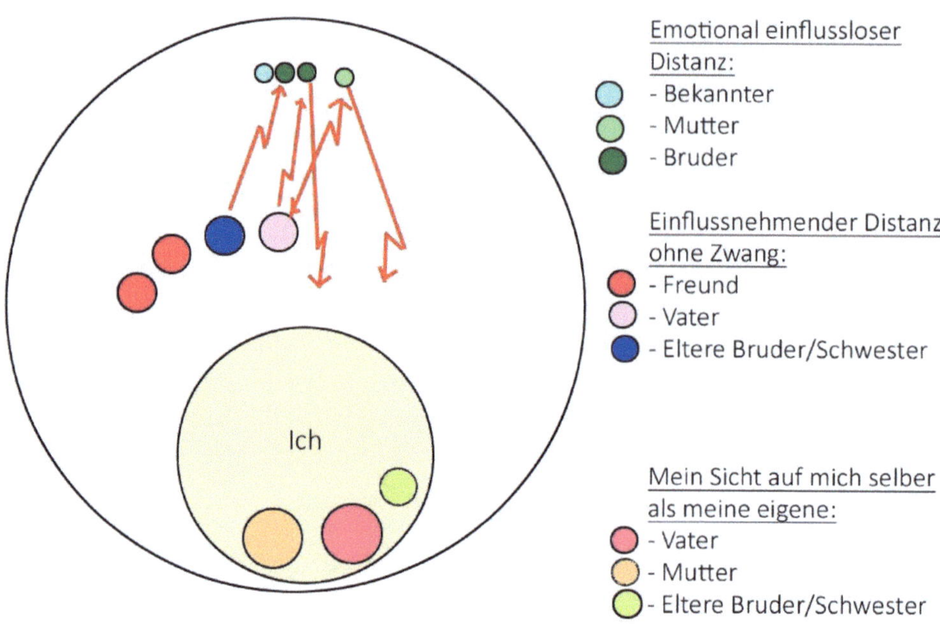

Das Bild zeigt folgendes auf:
- Die Person hat selber die nährende Rolle von den Eltern und von dem älteren Bruder/Schwester übernommen
- Anschliessend wurde gewählt, welche Beziehungen emotional näher oder gerade ferner platziert sein sollten.
- Die eigenen Konflikte mit der Mutter und den Brüdern wurden einseitig gelöst.
- Es gibt Bewusstsein, dass die Mutter und der Bruder nicht in Konflikt mit mir sind, sondern mit ihrer Vorstellung von mir.

Erwachsen werden:

Damit eine Person:
- Die, in seiner Prägung entstandenen Defizite verdichten kann
- Erwachsen werden kann
- Eigenständig und in Freiheit seinen Umgang mit den eigenen Veranlagungen bestimmen kann, ohne vorbestimmt zu werden von den geprägte Moral und Erziehung

sollte zuerst eine erwachsene Realität gebildet werden, indem anerkannt wird, dass die Eltern und Grosseltern «Nur ein Spiegel für die eigentlichen Wurzeln» sind und nur «menschlich fehler-anfällige LehrerInnen» sind, im Umgang mit den eigentlichen Wurzeln.

Diese eigentlichen Wurzeln sind: «Die eigene veranlagte Eigenschaften».

Das Ziel ist, eigenständig einen respekt- und liebevollen konstruktiven Umgang mit den eigenen veranlagten Eigenschaften zu leben»

In diesem Bewusstsein wird es möglich, auch ohne Eltern, auch bei gröberen Störungen in der Familie, in Sicherheit sich selber zu entdecken und zu entwickeln.

Den Weg ist, mich selber zuständig zu halten, für alle meine erlebten Projektionen auf die gesamte Familie und auf alle einzelne Familie-Mitglieder.

Projektion als Diagnosemittel bei Zuneigung oder Ablehnung des Anderen

Diagnostik:

Logik: Ich lebe in meiner, selbstgemachte Realität.

Damit ist alles faktuale (Messbar, auch von jemandem anderen) zu meinem Spiegel geworden und alles was ich emotional erlebe/einordne zu meinem Spiegelbild.

Dieses Spiegelbild zeigt mir auf, was ich selber aus messbaren Fakten gemacht habe, auf Grund von:
- Meiner Veranlagungen
- Wie ich selber, meine Erziehung und Erfahrungen, rational und emotional interpretiert habe
- Welche sozialen Rollenspiele ich spiele
- Und welche Rolle ich in meinen eigen erfundenen Rollenspielen (Märchen) mir selber und anderen andichte

Beim bewusst leben, nehme ich selber meine eigenen emotionalen Bewegungen und rationalen Gedanken neugierig und unvoreingenommen wahr.

Alles ist willkommen, nichts sollte anders sein.

In dem Spiegel der Andere, erlebe ich, welche emotionale Eigenschaften ich auf die Anderen projektiere.

Diese emotionalen Eigenschaften bin ich selber, weil ich selber diese Projektion gebildet habe.

Starke Zuneigung:

Wenn ich mit grosser Zuneigung zu den Anderen reagiere (Greifende Bewegung/Wucht), ohne messbaren Grund, dann zeigt mir der Spiegel meine eigene emotionale Unterentwicklung auf und zeigt mir, wie ich mich selber entwickeln kann, damit ich eigenständig werde.

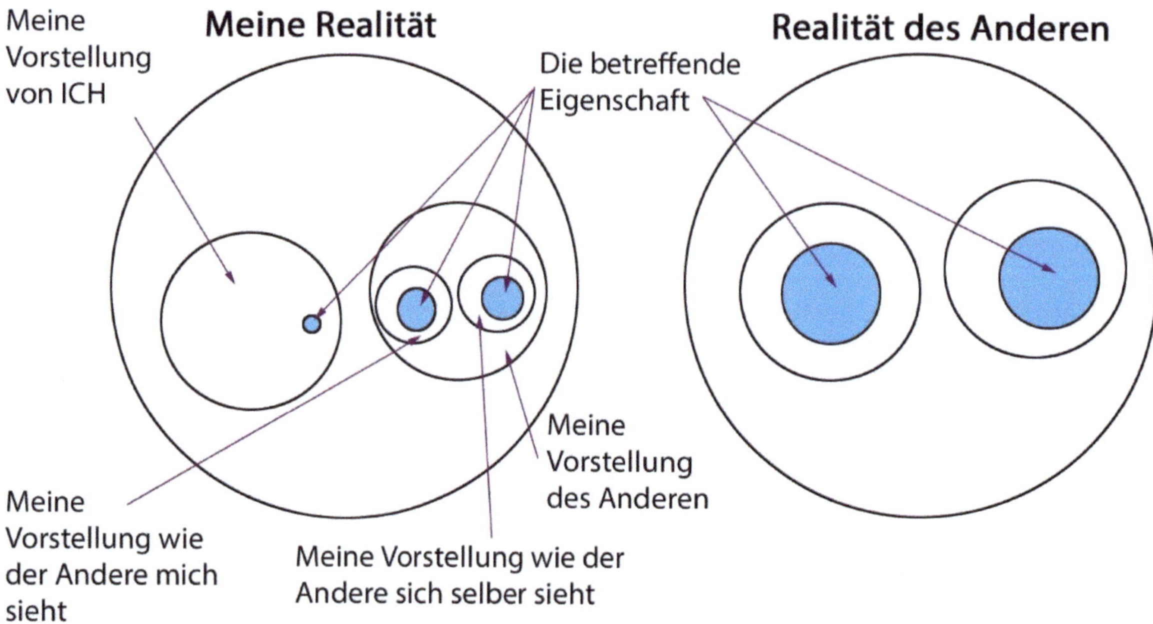

Da ich selber meine Vorstellung des Anderen in meinem Gehirn gebaut habe, spüre ich jetzt eine liebevolle Anerkennung für meine eigene unterentwickelte Eigenschaft. (Hier oben « Die betreffende Eigenschaft» genannt.)

Starke Abneigung:

Wenn ich mit grosser Abneigung auf der Anderen reagiere (Ablehnung, Eckel, starke wegschiebende Bewegung/Wucht), ohne messbaren Grund, dann zeigt mir der Spiegel meine eigenen, nicht integrierten emotionellen Eigenschaften auf, welche ich selber abgelehnt habe.

Ich erlebe:
Der Andere sieht in mir seine eigene Veranlagung, welche ich nicht habe und auch nicht haben möchte.
Die emotionale Vorstellung diese Eigenschaft zu leben erfüllt mich mit Ekel und Abneigung / Wut als Reaktion.

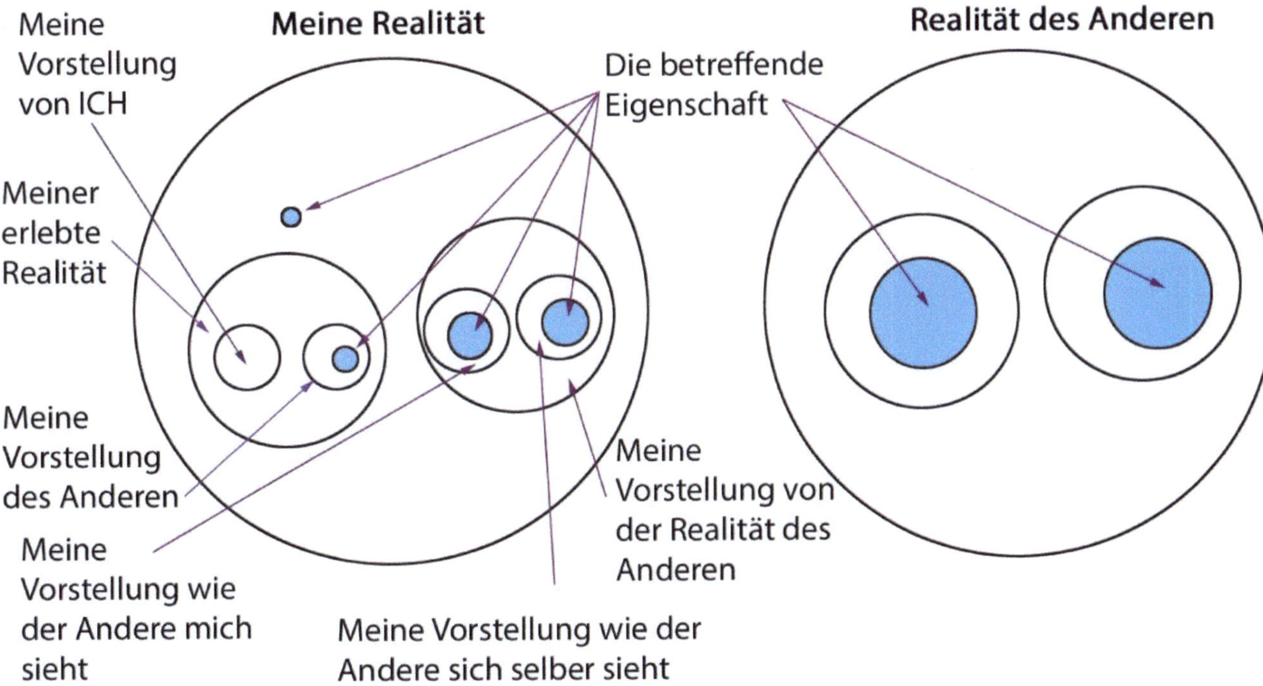

Beurteilen der Entwicklungsstufen der unterentwickelten Eigenschaften (Schattenseiten)

Gehemmte Veranlagungen können sich nicht entwickeln. Sie:
  - werden trotz höherem Alter immer noch gelebt wie ein Kind.
  - Oder sie werden gelebt als Volljährige, wobei das Ziel immer noch verantwortungslos Kindisch geblieben ist.

Wenn Eigenschaften kennen gelernt worden sind, integriert und verantwortungsvoll gelebt werden, zeigen sie sich in einer erwachsenen Form.

Beispielen:

Veranlagte Eigenschaften:	Äusserungen dieser Eigenschaften beim Klein-Kind	Äusserungen dieser Eigenschaften bei unreifen Volljährigen	Äusserungen dieser Eigenschaften bei Erwachsenen
Neugierde	naive, rücksichtslose Neugierde Gefühlen von Freude und gewünschte Unsicherheit / Abenteuer	Beschränkt neugierig nach Neuem. Gefühle von Angst und Vermeidung. Über-Neugierig: Alles wissen wollen und kontrollieren wollen (Umgebung und die Anderen) Gefühle von Angst, Argwohn, Frust und/oder Gier/Ekel	Bewusste rücksichtvolle Neugierde nach Neuem. Gefühle von Freude und gewünschte Unsicherheit / Abenteuer
Spielerische Art / Lernen	Naives und Rücksichtloses Ausprobieren Gefühlen von Freude und gewünschte Unsicherheit / Abenteuer	Beschränktes Ausprobieren Krampfhaftes dauerhaftes Ausprobieren Gefühle von Angst, Argwohn, Frust, Mistrauen	Bewusstes rücksichtvolles Ausprobieren. Verantwortung nehmend für die Folgen. Gefühle von Freude und Interesse. Um Rat fragen oder lernen über sich vorzeigen lassen von Anderen

Veranlagte Eigenschaften:	Äusserungen dieser Eigenschaften beim Klein-Kind	Äusserungen dieser Eigenschaften bei unreifen Volljährigen	Äusserungen dieser Eigenschaften bei Erwachsenen
Bedürfnis nach Intimität	Bedürfnis gesteuert, Fordernd, Abzwingen / Abstossen, Gierig / Ekel	Bedürfnis gesteuert, fordernd, zwingend / abstossend, gierig / sich ekelnd Fehlendes (Selbst-) Vertrauen	Rücksichtvolle und empathische Intimität. Kommunikativ.
Bedürfnis nach Beziehungen	Bedürfnis gesteuert, Egoistisch / nur Nehmen	Bedürfnis gesteuert, (Teils-) Unbewusst Egoistisch je nach Rolle in der Gesellschaft nur nehmend oder nur gebend. (Teils) Fehlendes (Selbst-) Vertrauen	Rücksichtvoller, verantwortungsvoller und empathischer Umgang mit sich selber und den Anderen. Akzeptierende und offene Umgang mit Gefühlen für dich selber und die der Anderen. Bewusstsein für die verbale und non-verbale Kommunikation. Bewusstsein für zwischenmenschliche Distanz. Bewusstsein für Gruppendynamik. Emotionale und rationale Reflektion der eigenen Gefühle und Handlungen. Bewusstsein für die eigene Realität und die der Anderen. Schenken (bedingungslos geben) und Empfangen (bedingungslos nehmen). Teilen.
Bedürfnis nach Essen / Trinken	Bedürfnis gesteuert: Gierig oder Ekel	(Teils) Undifferenziert Bedürfnis gesteuert: Gierig oder Ekel	Bewusstsein für die Notwendigkeit von der Regelmässigkeit, Menge und die Wahl des Essens. Bewusstsein für den konstruktive Umgang mit Gier und Ekel.

Teil 12 Emotionale Realität aktiv gestalten mit der Rationalität als Regisseur

Logik:
- Meine Realität entsteht also in meinem Gehirn.
- Alle Vorstellungen die ich glaube, werden zu meinem «Echt»
- Auch anders herum gedacht: Alles was ich als «Echt» erlebe, wird als «Echt» erlebt, weil ich es glaube.

- Welchen Vorstellungen entstehen können in meinem Gehirn, ist wieder abhängig von meinen veranlagten Eigenschaften.

- Wenn ich Blind geboren bin, kann ich mir keine Vorstellungen vom «Sehen» aufbauen.
- Wenn ich eine deutlich ausgeprägte «Empathische Veranlagung» habe, kann ich eine klare Vorstellung vom Anderen aufbauen. (Empathie = das aufbauen können von einer Vorstellung der Anderen)
- Wenn ich ohne empathische Veranlagung geboren bin, kann ich dies nicht, und gehe automatisch rücksichtslos gegenüber anderen durch das Leben.

Training:
Natürlich können Eigenschaften auch trainiert werden, aber dies ist auch begrenzt möglich durch meine Veranlagung. Wenn ich selber zum Beispiel 100 Jahren täglich Klavierspielen würde, spiele ich immer noch nicht so schön wie Mozart im Alter von 7....

Schlussfolgerung:
Wenn ich als Mensch mein maximales Potential meiner Eigenschaften leben möchte, dann sollte ich also
- Mich erst von allen Hemmungen lösen (Kultur, Erziehung, «Ich»-Vorstellung)
- Dann alle Eigenschaften untersuchen auf ihr Potential
- Und dann trainieren.

Vorsicht mit Weisheiten

Kultur, Erziehung und auch das «Ich» haben jedoch auch eine Weisheit in sich, welches nicht ignoriert werden sollte. Diese Weisheit ist eine Struktur welche dafür sorgt, dass wir als Gruppe Menschen mit einander leben können ohne zu grosse Konflikte.

Diese Struktur sollte also neu erfunden werden, jedoch so, dass anerkannt wird, dass jeder Mensch selber seine Realität aufbaut.

Eine neue Struktur als Kultur-Ersatz: rationale Moral

Zutaten für eine Rationelle Moral:
- Jeder baut sich selber seine individuelle subjektive Realität auf.
- Die messbare objektive Realität wird auch berücksichtigt.
- Jeder hat deshalb immer Recht aus seiner Sicht.
- Diese Sicht darf jedoch nie auf messbare Kosten von Anderen gelebt werden (Respekt).

Diese Zutaten zusammen gemischt ergibt:

Wer bestimmt, bezahlt

&

Wer bezahlt, bestimmt

Beispiele der Umsetzung diese Moral

- So darf ich in meiner Realität bestimmen, dass du mein Sklave bist, aber ich darf dich nicht dazu zwingen, dass du gratis für mich arbeitest als Sklave. (ich bestimme und du bezahlst)

- Ich darf mich von deinen Worten verletzt fühlen, jedoch habe ich selber diese Verletzung erstellt in meiner Realität, und es braucht keinen «Schadenersatz» von dir.

- Wörter verursachen in der Regel messbar nur «Bewegungen in der Luft, ohne Folgen», somit bestimmt der Empfänger selber wie und ob emotional bezahlt wird (Drohung, Verleumdung und Nötigung sind Beispiele von Ausnahmen)

- Ich darf jemanden umbringen wollen, darf mein Gefühl aber nicht umsetzen (ich bestimme, du bezahlst).

- Ich darf Lust habe auf einem Abenteuer mit einer Frau und darf sogar das Gefühl haben, dass sie dies auch möchte, sollte aber immer erst abklären ob sie ein Abenteuer mit mir haben möchte. (Ich übernehme die Verantwortung dafür, dass meine Realität nicht immer korrekt aufgebaut ist und Lücken hat in meiner Wahrnehmung / Interpretation von messbar und objektiv Echt). Sie trägt auch Folgen des Abenteuers mit (= zahlt), damit hat sie auch das Recht auf Bestimmung «Ja oder Nein».

Neue Umgangsregeln

Die Umgangsregeln, so wie wir sie gelernt haben, sollten somit neu definiert oder ersetzt werden auf Grund des neuen modernen Modells der Realität, welche es ermöglicht Konflikte auf der Stelle zu lösen, in Anerkennung von Individuellen Unterschieden der Realität und die Unfähigkeit unser Gefühl als Schiedsrichter dienen zu können.

Dieses Model hat jedoch einen grossen Nachteil:
Es braucht einige rationale Fähigkeiten, wie abstraktes Denken und rationale Reflektion

Geben / Nehmen versus Schenken/Empfangen
Nehmen:

Wenn ich «Nehmen» umschreibe als: «Empfangen nachdem ich Druck auf der gebenden Partei ausgeübt habe», ergibt sich ein ganzes Spektrum an Möglichkeiten auf welche Art ich «Nehme»

Und wenn ich «Geben» umschreibe als: «Schenken zusammen mit einer Erwartung auf der nehmenden Partei», dann ergibt sich ein ganzes Spektrum an Möglichkeiten wie ich geben kann.

Dieses Spektrum beinhaltet 2 Komponenten welchen zusammen das Ausmass an Druck bestimmen
1. Das Spektrum verläuft von «wenig Druck /Zwang bis zum extremen Druck /Zwang
2. Das Ausmass indem Rücksicht genommen wird auf die Interessen und Empfinden der Anderen.

Somit entstehen viele Varianten, mit 4 extreme Formen in «Nehmen»:
1. Minimaler Druck + Keine Rücksicht auf den Anderen (Der naive Idealist der auf Geschenken wartet, obwohl der Andere nichts zu verschenken hat
2. Extremer Druck + Kein Rücksicht auf den Anderen (Der psychopathische Diktator)
3. Minimaler Druck + Extreme Rücksicht auf den Anderen (Der Diener)

4. Extremer Druck + Extreme Rücksicht auf den Anderen (Soziale Diktator wie manchmal eine Mutter-Oberst)

Geben:

Und 4 extreme Formen in «Geben»:

1. Minimaler Druck + Keine Rücksicht auf den Anderen (unpersönliche Werbung per Post)
2. Extremer Druck + Keine Rücksicht auf den Anderen (Aufdrängen von Etwas mit enormer Konsequenz bei Ablehnung)
3. Minimaler Druck + Extreme Rücksicht auf den Anderen (Gratis Drogen für Süchtige Menschen)
4. Extremer Druck + Extreme Rücksicht auf den Anderen (Gezwungene Aufnahme in der Psychiatrie)

Geben...Schenken...........Teilen..........Empfangen.....Nehmen

Effekte auf dem erlebten Gefühlswert:

Schenken gegenüber Geben: Wenn ich schenke, dann ist dies ohne Erwartung etwas zurück zu bekommen in Liebe und Respekt für mich selber und den Anderen.: Ich spüre also Liebe und Respekt.

Wobei beim Geben eine Erwartungshaltung anwesend ist und gespürt wird.

Empfangen gegenüber Nehmen: Wenn ich empfange, dann ist dies ohne Erwartung etwas zurück geben zu müssen in Liebe und Respekt für mich selber und den Anderen: Ich spüre also Liebe und Respekt.

Wobei beim Nehmen eine Erwartungshaltung und Zugzwang anwesend ist und gespürt wird.

Mind-Set:

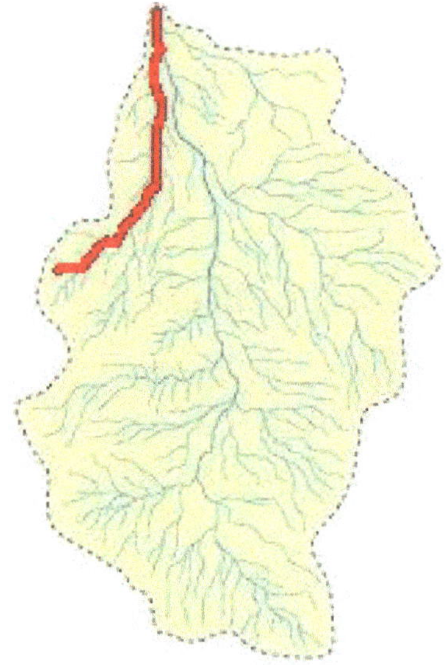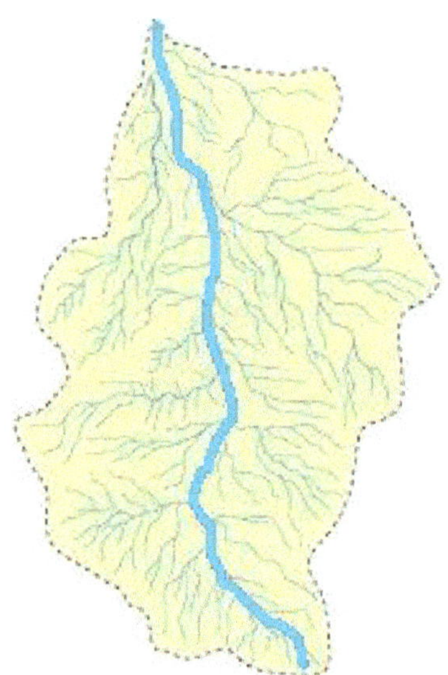

In welchem Fluss Steige ich ein: Geben/Nehmen
   Oder: Schenken/Empfangen

Die Konsequenzen sind enorm auf der eigenen Realität und auf der Wahl zu Handeln und wie, weil ein Rattenschwanz von Ursache/Folgen entsteht.

Eine Grundhaltung von Geben/Nehmen (Mit Absicht in der eigenen Richtung, Egoistisch) oder von Schenken/Empfangen (ohne Absicht) nehmen Einfluss auf:

- Emotionen: wie Emotionen erlebt werden und ihre Bedeutung
- Reflektion (emotional und rational): Nimmt Einfluss auf Erinnerungen
- Meine Ich-Vorstellung
- Meine Vorstellung und Erleben des Anderen
- Umwelt
- Empathie
- Andere Veranlagungen

Training des Mindsets «Schenken/Empfangen» kann stattfinden mittels
Meditation und Meditative Reflektion

Die meist neutrale und nicht-manipulative Haltung ist die «Mitte-Position»
Diese entspannte und bewegungslose Position ist eine authentische emotionale Haltung, welche keine Themen oder Konflikte in sich hat mit dem was begegnet wird.

Diese Haltung entsteht von selber, sobald alle Themen bezüglich was oder wer begegnet wird, gelöst sind.

Diese Mitte-Position ist Möglichkeit zum Testen ob es Themen gibt, oder nicht. Wenn ich gegenüber jemanden automatisch in der Mitteposition lande, habe ich keine Themen / Konflikten. Sobald ich emotional in Bewegung komme (oben, unten, vorne, hinter, usw.), habe ich welche.

Teil 13: Selbstverwirklichung.
Bewusstseins- und Betrachtungs-Therapie

Einleitung:

Als Gefühls-Referenzpunkt, nehme ich das Vertrauen in meine Eltern, Grosseltern, Die Welt, bevor emotionale Störungen auftraten. Dieses Gefühl ist also oft recht jung. In meinem Fall erinnere ich mich die erste Störung in meinem Umfeld als ich etwa 3 Jahr alt war. Ich wählte die Gefühlserinnerung von vorher, wo ich mich in der empathische Naivität ggü die Umgebung noch komplett und störungsfrei im Vertrauen, geliebt, geborgen und geschützt gefühlt habe.

Wenn keine Erinnerungen mehr bewusst abrufbar sind, macht es Sinn eine Familien-Stelle nach Bert Hellinger zu machen. Am Schluss einer Aufstellung mit Hilfe von einer Gruppe Menschen, ist die Familie emotional korrekt aufgestellt, sind Störungen aufgelöst und du kannst Kontakt haben mit einem unbeschwerten Grundgefühl im Vertrauen zu deinem Vorahnen.

Dieses Grundgefühl im Vertrauen zu dem Vorahnen, ist das kindliches Gefühl sich unbeschwert entwickeln dürfen in einem sicheren Rahmen, wo es geliebt, akzeptiert, verstanden und respektiert wird. Auch ist Hilfe bei Notfällen anwesend, welche als Startpunkt zur Integration deiner unterentwickelten Eigenschaften und Korrektur deiner sozialen Defizite, und damit zu Startpunkt Richtung das erwachsene Selbstbewusstsein, Selbstschutz, Eigenständigkeit, Selbstvertrauen, Selbstliebe, Selbst-Relativierung, Selbsthilfe, Selbstausdruck und zu konstruktive soziale Selbstbehauptung in der Gesellschaft und Beziehungen führt.

Ein Erwachsener braucht auf der emotionalen Ebene seine Eltern nicht mehr zu diesem Zweck. Er ist eigenständig und selbstversorgend geworden.

Bei Unterentwicklung oder Ablehnungen, macht es Sinn, die ganze Entwicklung der betreffenden Eigenschaften neu und von vorne anzufangen, wobei ein Ersatz gefunden wird für die fehlende, liebevolle Aussensicht.

Es macht wenig Sinn innerhalb der gleichen Sicht weiter zu suchen, da es gerade diese Sicht war, welche die bisherige Entwicklung in der falschen Richtung gelenkt hat.

Also einen frischen Start, dieses Mal mit einem liebevollen Aussensicht, damit du weiterkommst

Ein emotionales Problem braucht einen emotionalen Lösungsweg:

Dieser emotionale Lösungsweg ist mittels einer emotionalen Erfahrung.

Da jetzt das rationale Bewusstsein anwesend ist, dass wir selber diese Emotionen gestalten, können wir den emotionalen Prozess mittels rationaler Entscheidungen einrichten und lenken.

Während der Diagnostik und auch der Therapie erleben wir diese emotionalen Empfindungen als «Energien». Wir können jedoch rational entscheiden, ein Thema aus verschiedenen Sichten zu erleben. Auch können wir uns dafür entscheiden, die eigene Projektionen auf der Anderen von innen zu erleben, damit wir uns wie ein Schauspieler identifizieren können mit unserer Vorstellung des Anderen.

Betrachtungs-Perspektiven zur Diagnostik:

Bitte bedenke, dass nichts komisch ist, und alles passt wie ein Puzzle. Jedoch macht das Puzzle erst Sinn, wenn alle Aspekten betrachtet worden sind aus verschiedenen Perspektiven.

Sinnvolle Perspektiven sind:
1. Emotionale Innen-Perspektive als Ich (wie erlebe ich die Situation / Dynamik)
2. Emotionale Innen-Perspektive als Du (wie erlebt meine Vorstellung von Du die Situation / Dynamik)
3. Rationale Betrachtung der emotionale innen-perspektiven (rationelle «Messungen» von dem Erlebten Sicht, als Ich und als Du
4. Emotionale Aussen-Perspektive als Zuschauer der gesamten Dynamik in dem Kontext (Passerelle-Sicht: Wie wird die Dynamik als empathische Zuschauer erlebt, ohne die Geschichte selber zu glauben)
5. Rationale Aussen-Perspektive als Zuschauer der Dynamik von sehr weit weg, aber mit Fernrohr (ab Mond-Perspektive: Welche Bewegungen finden statt, welche Körpersprache tritt auf)

Spielen mit Perspektiven zur Bewusstwerdung:

Mit diesen Perspektiven kann man in Höchstgeschwindigkeit spielen:
- zB. gehe ich selber in meiner Ich-Innen-Perspektive,
- spüre die Emotionen, erlaube ich meinem Körper das Gefühl sich auszudrücken,
- Lasse meinem Körper in der Haltung,
- Wechsle auf Rationale-Innensicht
- und umschreibe meine Haltung,
- gehe in Ab-Mond-Sicht und erkenne meinen gesamten Körperausdruck.
- Dann wechsle ich auf Ich-Innen-Sicht und lasse die emotionalen Bewegungen zu,
- mache diese Bewegungen ein paar Mal und registriere die Bewegungen genau,
- dann wechsle ich auf Passerelle-Sicht und betrachte die Bewegung von Aussen,
- dann folgt das Gleiche mit dem Du,
- Jetzt wird das Rollenspiel zwischen Ich und Du deutlich.
- Der gleiche Prozess für «Ich vs. Gruppe»
- Meistens kommen aus dem nichts plötzlich Erinnerungen von früher hoch....

Check, Check, doppelt Check

Bis es aufrichtig passt.

Kleine Details können viel Einfluss nehmen. Etwas mehr oder weniger nach vorne geneigt, Hände wenig oder stark zusammen gepresst....
Es ist eigentlich eine Schulung in Körpersprache, Rollenspiele und emotionaler Ausdruck
So üben ist angesagt. Und immer wieder korrigieren und überprüfen.

Betrachtungstherapie. So ein Prozess ausgearbeitet: Unterentwicklung aufarbeiten

1. Ich spüre im Umgang mit der Welt eine emotionale Wucht. Wenn ich diese Wucht mich körperlich bewegen lasse, entsteht eine körperliche Bewegung /Haltung

   In diesem Beispiel empfinde ich eine greifende Sehnsucht Richtung eine andere Person. Die Körperbewegung geht also nach vorne mit dem Armen gestreckt und geöffnet.

   Das Gefühl vermittelt Freude und Erleichterung bei der Begegnung.

2. Ab Mond-Sicht: Überprüfe den Kontext und deine Bewegungen, ob die emotionale Wucht auch nach rationalen messbaren Fakten logisch erklärbar ist.

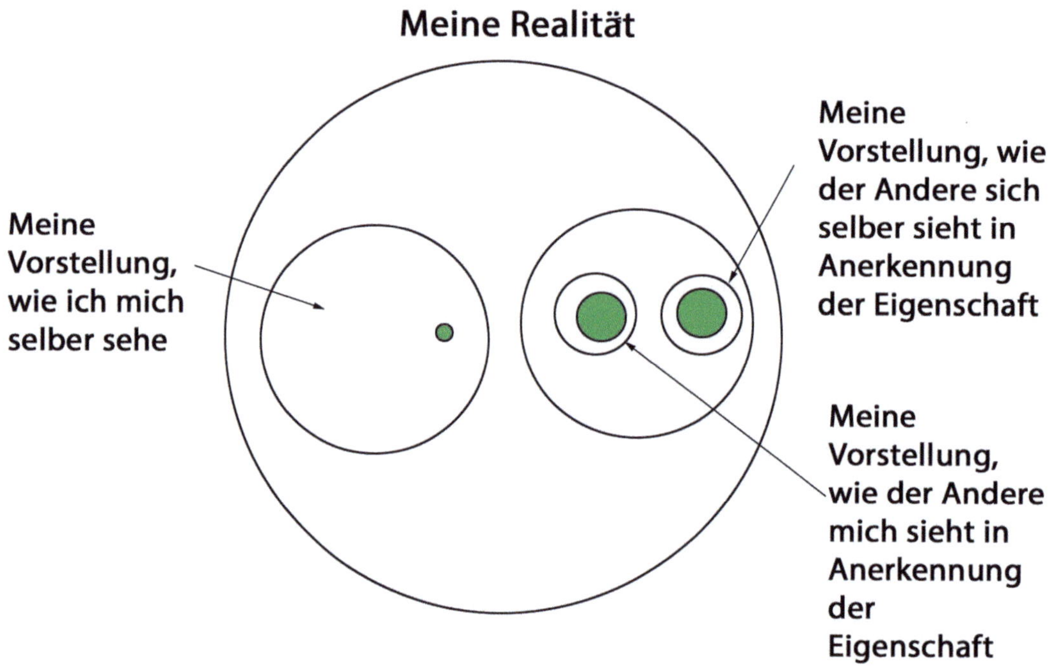

3. Anerkennung der Vorstellung der Anderen in meiner eigenen Realität: Ich sehne mich nicht nach dem Anderen, sondern nach meiner Vorstellung des Anderen. Der Andere ist also meine Spiegel. Meine Vorstellung des Anderen ist das Spiegelbild meiner Projektion (die Vorstellung der Anderen ist kleiner und ggf anders als der faktuale Andere

4. Anerkennung meiner Vorstellung vom Ich in meiner Realität (kleiner als mein komplettes Wesen)

5. Anerkennung der Sehnsucht: Mein Ich fühlt sich offenbar kompletter im Kontakt mit der selber erstellten emotionalen Vorstellung des Anderen

6. Mein «Ich» sehnt sich nach etwas was mir selber gehört (Ich habe ja selber meine emotionale Vorstellung des Anderen aufgebaut und erlebt. Ich muss ja diese Eigenschaften haben, sonst ginge dieses Erleben nicht)

7. Ich spüre bewusst eine Zeit die Ausstrahlung des Anderen und unsere Dynamik. Es wird mir bewusst, was ich schenke, und was ich empfange.

8. Anschliessend versetze ich mich langsam (ohne Kontakt mit dem Emotionsfluss zu verlieren) in meine Vorstellung des Anderen und übernehme seine Emotionen Richtung mein «Ich».

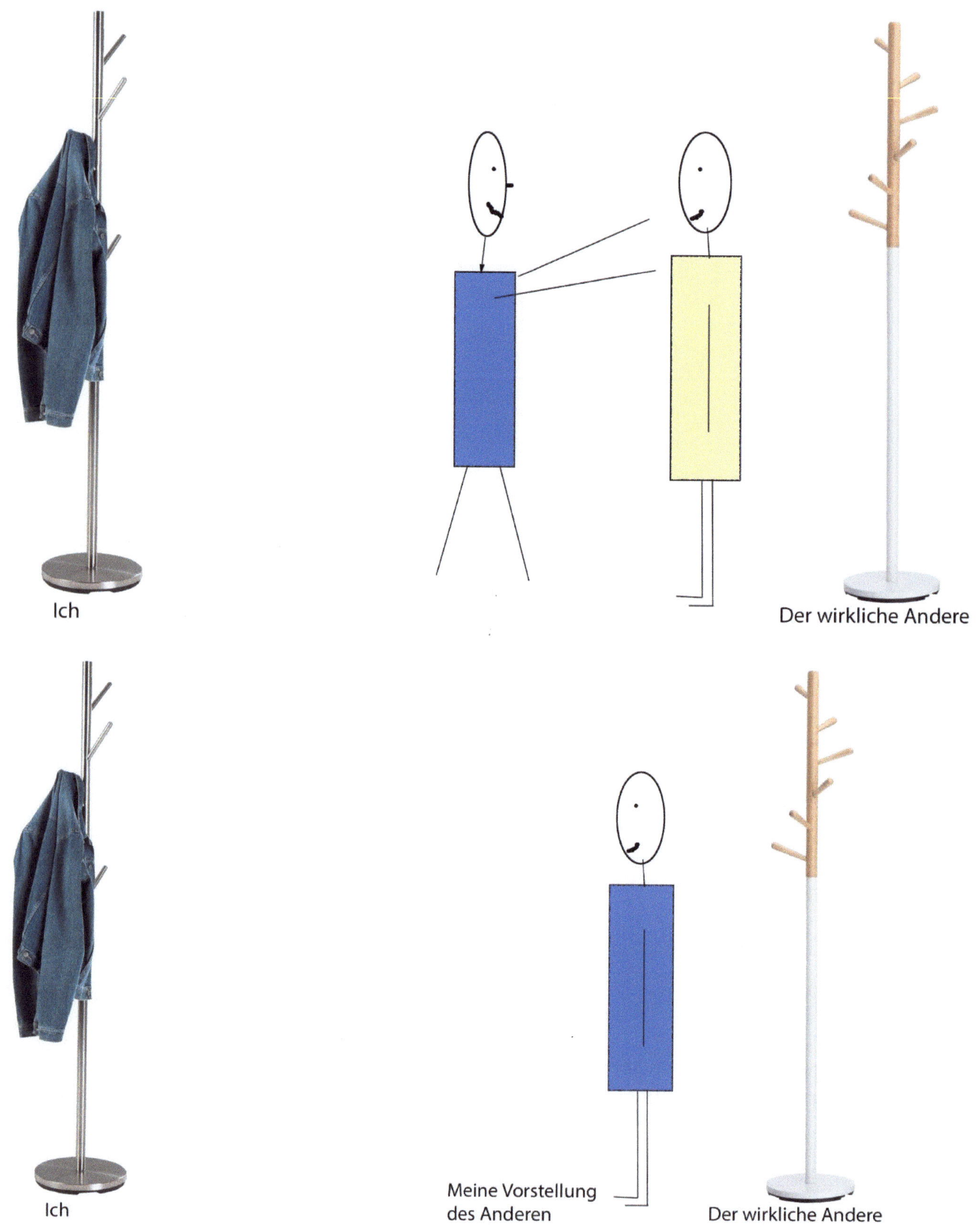

9. Dass gleiche Schenken/Empfangen geht weiter, nur aus der Perspektive des Anderen. Ich mache mir bewusst, welche Emotionen / Haltung es betrifft und kreiere bewusst eine Erinnerung (Gefühl, Gefühlsdynamik, Körperhaltung, Mimik, Sicht auf mein «Ich», Sicht auf den Kontext)

10. Dieses hin und her springen wiederhole ich, bis die 2 (Ich und meine Vorstellung der Anderen) einfach zugänglich geworden sind in beide Richtungen.

Wundere dich nicht, wenn deine Sicht eine andere ist als die Sicht des Anderen.
So kannst du, dass Gefühl haben vom Anderen Sicherheit /Anerkennung zu bekommen, wobei
aus Sicht der Anderen «Anerkennende Liebe» fliesst.

11. Übungsphase: Ich übe sehr regelmässig (100x pro Tag, zudem bei jeder Entscheidung), diese
    neu entdeckte Sicht auf mich selber.

12. Wenn ich mir diese Sicht eigen gemacht habe und eingeübt ist im Mitentscheiden, ist diese
    Sicht langsam ein Teil von meinem Ich geworden. Entscheidungen werden jetzt anders
    genommen und die gleiche Person wird jetzt anders wahrgenommen als vor diesem Prozess.
    Die Sehnsucht ist jetzt auch verschwunden.

Selber habe ich erfahren, dass bei heftigerer Wucht, nicht nur ein Defizit pro Projektion beteiligt ist.
Eine Begegnung kann mehrere emotionale Bewegungen auslösen.
Auch kann die gleiche emotionale Bewegung aus mehreren Defiziten heraus, gleichzeitig ausgelöst
werden.

Dieser Prozess (1-10) wird dann pro Thema, so oft wiederholt, bis authentisch (ohne
Beeinflussung) keine greifenden oder wegstossenden emotionalen Bewegungen mehr spontan im
Kontakt mit dem Person auftreten.

Wundere dich nicht über Verhaltensänderungen und Interessensänderungen bei dir selber im
Nachhinein. Auch nicht, über wie anders du die gleichen Personen oder Situationen empfindest.
Deine Veranlagungen haben sich nicht geändert, aber dein Umgang damit schon.

Betrachtungstherapie: Diagnostik und Therapie bei Ablehnung:

Bei starker Ablehnung sollte geschaut werden, von wem dieses Programm kopiert wurde.
Ggf. sollte dieses Familienmitglied zuerst auf der gleichen emotionalen Distanz als «ein
Bekannter» platziert werden und umbenannt werden als «Ein von meiner früheren Originalen zur
Selbstbetrachtung». Die leere Stelle sollte dann direkt aufgefüllt werden mit einer neuen
Vorstellung von Sicht auf mich selber, welche das gleiche Thema betrifft als das frühere Original.

Diagnostik bei Ablehnung:

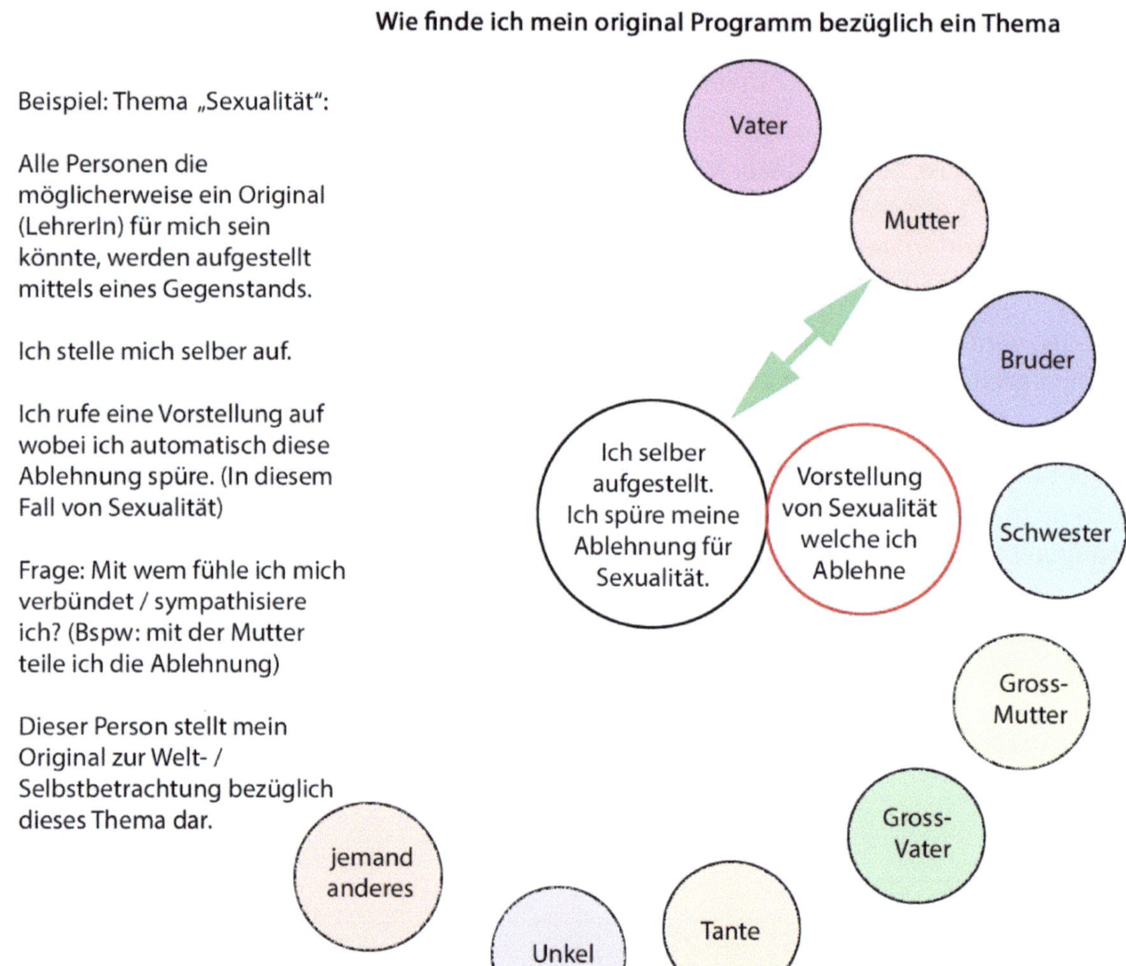

Lösungsschritt 1: Ausschalten vom Original meines Programms

- Stelle die eigene Vorstellung der betreffenden Person emotional auf der gleichen Distanz als andere deiner Bekannten.
- Definiere diese Person um als «Vorheriges Original meiner Kopie meines Programms bezüglich Sexualität». Da diese Person emotional auf Distanz steht, nimmt sie keinen Einfluss mehr auf dich.

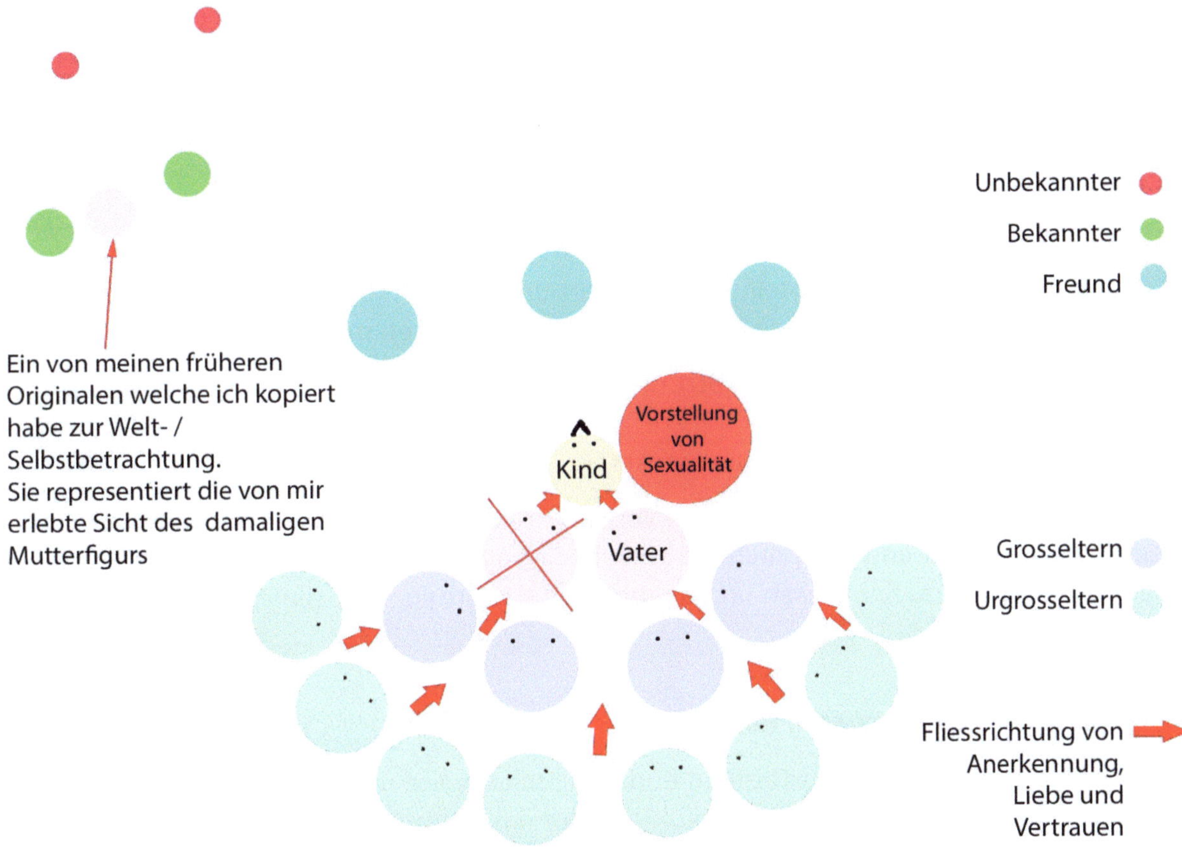

- Kontrolliere jetzt deinen emotionalen Bezug zu der gleichen Vorstellung von Sexualität.

- Schaue auf dem Rest deiner prägende LehrerInnen. Gibt es vielleicht noch mehr Personen mit wem das Gefühl von Ablehnung verstärkt wird? Wenn ja, dann platziere auch diese Person auf emotionaler Distanz bei der Gruppe «Vorherige Originale meiner Programme».

- Wiederhole dieses Prozedere so oft, bis du eine fröhliche neutrale Neugierde wahrnimmst Richtung das Thema (in diesem Fall das Thema «Sexualität»).

Lösungsschritt 2: Ersatz-Sicht auf sich selber.

In diesem Beispiel hat die vom Kind erlebte Sicht der Mutter auf Sexualität eine dominante prägende Rolle gespielt. Das Kind hat als Folge selber die Ablehnung der Mutter übernommen und später als Volljährige (die eigene) Sexualität abgelehnt.

Nach dem Ausschalten der Vorstellung der Mutter, ist die Person jetzt in die emotionale Position geraten, sich von Anfang an neu zu orientieren. Der Volljährige ist emotional wieder zum Kind geworden.

Rational betrachtet ist klar, dass jeder Ausdruck von Sexualität harmlos bleibt, solange es alle betroffenen Personen zusagt.

Somit kann gesucht werden nach Beispielen von Personen die Sexualität frei, unbeschwert erleben, jedoch mit Respekt für einander praktizieren.

Dies kann auch ein Phantasie-Figur sein.

In Kontakt mit dieser Person oder Figur, sollte das Kind sich beim Thema «Sexualität» respektvoll begehrt und akzeptiert fühlen. Es sollte eine starke Anziehungskraft wahrnehmbar sein in der Richtung dieser Person oder Figur (Gierig nach Kontakt). Dieser Person oder Figur wird jetzt zum «Neuen Original» gemacht und entsprechend eingegliedert an der alten Stelle der Mutter.

Erlebe dieser Gefühlskontakt bewusst und gehe vor wie bei «Unterentwicklungen aufarbeiten» umschrieben wurde damit eine neue Sicht auf sich selber in Bezug auf Sexualität entstehen kann.

Diese neue Sicht auf dich selber ist «die Kopie des neuen Originales»

Um so öfters du diese neue Sicht auf dich selber übst, um so stärker wird diese neue Prägung. Auch wirst du am Anfang oft deine Vorstellung deine Verbundenheit mit der Sicherheit gebenden Eltern, Grosseltern, oder andere prägende LehrerInnen neu korrigieren müssen.

In Partnerschaften und mit sich selber kann jetzt in der Praxis langsam, neu von vorne an, geübt werden.
Nimm dir die Zeit, weil es braucht Geduld zu verankern.

Sobald du spontan zurückgreifst auf deine eigene vertrauensvolle, respektvolle, liebevolle Sicht auf (deiner eigene) Sexualität und entsprechend sowohl dich selber, als auch ein Andere begehren kannst, dann bist du Erwachsen und unabhängig geworden in diesem Thema «Sexualität».

Bilde einen «geschützten und sicheren Rahmen»:

Das Sichtbar werden von unbewussten Themen findet logischerweise unerwartet im Alltag statt. Das plötzlich überfallen werden von starken Gefühlen oder das automatisch in eine Rolle steigen von einem eigenen unbewussten Rollenspiel (Kinder-Märchen) ist normal. Noch normaler ist es, zu meinen, dass alles vom Anderen ausgelöst wird, und deine eigenen Reaktionen normal sind. Alles bei dir selber wird immer als Normal und Logisch eingestuft, wobei die Verantwortung natürlich nach Aussen gespürt und erklärt wird; Dies ist normal, weil wir gelernt haben an unser eigenes Gefühl zu glauben.

Wenn du dich entscheidest diese Methodik zu leben, macht es Sinn vorbereitet zu sein auf Unerwartetes.
Es braucht Regeln, damit automatisch ein geschützter Rahmen entsteht, egal welche Gefühlserregungen auf dem Tisch kommen.

Diese Spielregeln sind:
Du darfst alles sagen, alles spüren, alles projektieren, alles ausdrücken und machen aber:
1) Es darf keine körperliche Gewalt angewendet werden Richtung Menschen.
2) Verursachte Schaden wird immer von demjenigen der handelt, selber aufgeräumt und bezahlt (gleich der Begründung wieso Schaden verursacht wurde)
3) Körperkontakt nur in gegenseitiges Einverständnis
4) Die Verantwortung für das „Empfundene" liegt damit bei dem Empfänger, und nicht länger bei dem Sender
5) Die Verantwortung für die Handlung liegt damit immer bei demjenigen der handelt, und nicht länger bei dem empfundenen Auslöser in der Umwelt oder von dem Anderen

Ich bin also vollkommen zuständig für meine komplette Realität und wie ich handle. Auch für wie ich z.B. dich empfinde.

Dafür bin ich nicht länger zuständig für wie du mich empfindest. Das ist dir zu überlassen. Natürlich kann es sicher Sinn machen, nachdem die eigenen emotionalen Bewegungen entstanden sind, vorerst einen Aktive Erinnerung zu kreieren im Gedächtnis und später die Punkte 1-10 ausserhalb des Kontaktes mit deiner Spiegel-Person aus zu tragen und bewusst zu werden. Es könnte dabei hilfreich sein, den Anderen mittels eines Gegenstands aufzustellen.

Umso öfters du geübt hast, die emotionale Realität als deine eigene Erfindung zu betrachten, umso schneller wirst du werden, deine Projektionen auf Andere nicht auf Anhieb als Real zu sehen. Aber auf dem «Pause-Knopf» drücken zu können, bevor du erst nach Überprüfung handelst.

Teil 14: Wie vorgehen, wenn undeutlich ist, in Bezug auf was oder wem mein Gefühlswelt aufspielt

Es braucht eine Methodik welche es dir ermöglicht die Richtung deiner Emotion festzustellen.

Eine Aufstellung ist so ein Mittel.

Stelle alle grobe Teile vom Leben (die eigene Realität) in verschiedene Kategorien auf mit Kissen, oder anderen Gegenständen.

Dann stellst du dich selber auf und trittst in Kontakt mit jedem einzelnen Teil deines Lebens, Wobei du bei jedem Kissen aktiv deine Vorstellung von der betreffenden Kategorie aufrufst.

Achte auf das Ausmass und die Art von Gefühlen in Kontakt mit jeder Kategorie.
Du wirst feststellen können mit welcher Kategorie du dein Thema hast (das untersuchte Gefühl wird verstärkt gespürt

Löse die Aufstellung bewusst auf und entferne alle Gegenstände. (Damit die Assoziation deines Gehirns zwischen den Gegenständen und die Darstellung der Kategorien aufgehoben wird).

Überlege dir rational, welche Teile diese eine Kategorie beinhaltet. Erstelle eine Liste mit allen relevanten Möglichkeiten. Beachte nicht nur Personen, sondern auch relevante Themen wie: «Zeitdruck, Moral, Tod, Erwartungen, Zuhause, Arbeitsumgebung, usw.»

Stelle alle auf und addiere immer auch einen Stellvertreter für «etwas Anderes» dazu, für den Fall, dass du etwas vergessen hast aufzustellen

Auf diese Art und Weise kannst du immer weiter differenzieren, bis dir bewusstwird, in welche Richtung deine Emotion geht (Anders gesagt: Auf was du emotional reagierst in deiner eigenen Vorstellung von Realität)

Fallbeispiel:

Bestimmung der Gefühlslage:
Mittels der Methode «Gefühl aufblasen wie einen Ballon und Austragen am ganzen Universum» wobei du anschliessend deine Körpersprache ablesen konntest, hast du festgestellt, dass es die Emotion «Wut» betrifft.

Bestimmung der Gefühlsrichtung:
Jetzt möchtest du die Richtung deiner Emotion bestimmen und nützt dazu eine Aufstellung:

Stelle alle grossen Teile vom Leben (die eigene Realität) in verschiedene Kategorien auf, mit Kissen oder anderen Gegenständen.

1. Familie
2. Arbeit
3. Kollegen / Freunde
4. Privat leben
5. Und immer auch ein Kissen oder Gegenstand für «Etwas anderes» für den Fall dass du etwas vergessen hast aufzustellen.

Beispielsweise merkst du, dass du ein Thema hast (Verstärkte Gefühlen / Konflikt) in der Kategorie «Arbeit»:

Jetzt teils du deine Arbeit auf in Haupt-Kategorien:
1. Arbeitsaufgaben
2. Arbeitsplatz
3. Kollegen
4. Chef
5. Betrieb als Organisation
6. Arbeitszeiten
7. Ferien
8. Pausen
9. Etwas Anderes

Stelle alle Kategorien auf und trete mit einer nach der anderen in Kontakt.
Jetzt kannst du spüren in welche Richtung deine Wut geht.

In diesem Beispiel spürst du während der Aufstellung, wie deine Wut sich verstärkt in Kontakt mit deinem Chef und weniger wird in Kontakt mit deinen Kollegen.
Zudem nimmst du Richtung das Thema Ferien verstärkt eine andere Emotion war. Du bläst diese andere Emotion auf wie ein Ballon und stellst fest, dass es die Emotion «Sehnsucht» ist.

Du analysierst deinen Alltag auf Tatsachen:
- Deine Ferientage wurden von deinem Chef über Weihnachten nicht genehmigt. Die deiner Kollegen schon.
- Das Argument des Chefs ist, dass alle Kollegen Kinder haben, und du nicht.
- Gleichzeitig aber, sind die Kinder des Chefs Erwachsene und er arbeitet selber auch nicht....

Aufstellung:
- Du stellst jetzt deine Vorstellung von Chef auf mittels eines Gegenstandes.
- Du stellst dich selber ihm gegenüber auf, dort wo es sich emotional gleich anfühlt wie vorher erlebt (Du spürst deine Wut auf deinem Chef)

Beobachte wie gross du deine Vorstellung von deinem Chef wahrnimmst.
In diesem Beispiel empfindest du ihn als grösser als du.

Registriere welche Körperhaltung du annimmst und frage dich selber, ob du deinem Chef etwas sagen möchtest und / oder wie du handeln möchtest.

In diesem Fall stehst du etwas geduckt, Schultern nach vorne, Kraftaufbau in den Armen und Hände (Richtung Fäusten machen). Deine Aufmerksamkeit ist nach vorne/oben gerichtet (Richtung Chef), deine innere Bewegung geht eher nach vorne, in der körperlichen Haltung gibt es keine Bewegung, sondern ein «sich Parat machen für einen Impakt».

Reflektion:
Du nimmst eine verteidigende Haltung an.

Versuche nachzuspüren, welche Emotionen du deinem Chef zuschreibst. (welche Emotionen du auf ihn Projektierst).
In diesem Fall erlebst du deinen Chef als dominant, rücksichtslos, autoritär und überheblich.

Wenn du dir vorstellst, dem Entscheid deines Chefs zu gehorchen, fühlst du dich von ihm klein gemacht.
(Du vermutest, dass dies genau ist, was dein Chef beabsichtigt!)

Reflektion: Wenn ich mich parat mache zu verteidigen, dann projektiere ich auf meinem Chef, dass er mich Angreift.

Dann wechselst du dich selber mittels eines Gegenstandes aus. Der Gegenstand repräsentiert jetzt deine Vorstellung von dir selber.

Du stellst jetzt dich selber auf anstelle des stellverstretenden Gegenstands deines Chefs.
(Du identifizierst dich mit deiner Vorstellung deines Chefs) und schaust auf deine Vorstellung von dir selber (Gegenstand).
Achte auch darauf, ob es Widerstand in dir hervorruft, dich in deine Vorstellung des Chefs zu verlagern.

In diesem Beispiel erlebst du eine grosse Hemmung dich in die Position deines Chefs zu versetzen.
Sobald du dich mit deiner Vorstellung deines Chefs Identifiziert hast, erlebst du in diesem Beispiel Arroganz:

Hebe die Aufstellung auf.

Schlussfolgerungen:
- Du stellst fest, dass du deiner Vorstellung deines Chefs vorwirfst, seine Machtposition arrogant auszunützen zu deinem Nachteil.
- Zudem, hast du ein emotionales Thema mit der Arroganz. Du lehnst sie ab (dies ist feststellbar über die gefühlte Verweigerung dich mit der Arroganz zu identifizieren, sie zu erleben und auszudrücken).

Rational verstehst du, dass «deine Vorstellung deines Chefs», nicht «die messbaren Tatsachen» entsprechen müssten.
Auch, dass «deine eigene Projektion von Arroganz» sowohl faktual korrekt, als auch daneben sein könnte.
Zudem, dass «meine Vorstellung von Arroganz»

Differenzierung der Situation:
Untersuche ob du mit Wut reagierst auf:
1. Arroganz als emotionale Haltung (Auch, wenn du in einer Unabhängigkeit stehst zu diesem Menschen)
2. Die Verschiebung deiner Ferien auf einen anderen Zeitpunkt
3. Die Tatsache, dass ein Anderer entscheidet bezüglich des Zeitpunkts deiner Ferien (über dich bestimmt. Sich wie eine Autorität verhält)
4. Deinen Chef als Person

Ad1)
- Stelle willkürliche jedoch unbekannten andere Menschen auf, welchen arrogant wirken auf dich, mittels mehrerer Gegenstände.
- Stelle dich selber auf und trete in Gefühlskontakt.
- Betrachte deine emotionalen und körperlichen Bewegungen.
  Bleibst du spontan emotional ausgeglichen, oder machst du eine Bewegung nach vorne, hinter, Seite, oben oder unten?

Wenn du eine Bewegung feststellst, hast du ein Thema mit Arroganz als emotionales Phänomen, auch unabhängig von der Art der Beziehung
Unabhängigkeit / Abhängigkeit)

In diesem Beispiel reagierst du mit Wut und einer Körperbewegung nach vorne.

- Hebe die Aufstellung auf

Ad2)
- Stelle 2x die gleichen Ferien auf. Einmal in Januar und einmal mit den Weihnachten.
- Stelle dich selber gegenüber und erspüre, ob es einen Unterschied gibt.
- Hebe die Aufstellung auf

Ad3)
- Stelle eine unbekannte emotional neutrale Person auf als Betriebs-Autorität.
- Diese Person trifft die gleiche Entscheidung wie dein Chef: Dein Ferienantrag in der Weihnachtszeit wird abgelehnt.
  Mit welchen Emotionen begegnest du ihr?
- Hebe die Aufstellung auf

Ad4
- Stelle deinen Chef als Menschen auf, der in einen anderen Betrieb arbeitet, in der gleichen
- Position wie du selber.
- Wie erlebst du ihn?
- Hebe die Aufstellung auf

Du stellst jetzt deine Vorstellung der Ferien auf und zudem positionierst du dich selber dazu.
- Welche Vorstellungen hast du?
- Welche Gefühle werden erlebt?
- Hebe die Aufstellung auf.

Welche messbaren Tatsachen gibt es?
1. Du kannst selber keine Ferien machen in den Weihnachtsferien. Dies bedauerst du.
2. Dein Chef macht Ferien an Weihnachten
3. Deine Kollegen machen Ferien an Weihnachten

Differenzierung von Punkt 1:
- Du stellst die Ferien auf, zudem dich selber. Diesmal in Januar anstatt den Weihnachten.
- Frage: Was passiert mit dem Trauer-Gefühl?
- Hebe die Aufstellung auf.

Differenzierung von Punkt 2:
- Du stellst die Vorstellung von deinem Chef wieder auf.
- Dieses Mal arbeitet er auch in den Weihnachtsferien.
- Frage: Ändert sich etwas in deiner emotionalen Haltung gegenüber deiner Vorstellung von deinem Chef?
- Hebe die Aufstellung auf.

Du stellst jemanden anderen auf anstatt deinem Chef. Diese willkürliche Person beschliesst, dass du an Weihnachten nicht in den Ferien gehen kannst.

- Frage: Mit welcher emotionalen Haltung reagierst du gegenüber dieser anderen Person?
- Hebe die Aufstellung auf.

Reflektion:

In diesem Fallbeispiel empfindest du in den Aufstellungen, dass du:

1. Emotional gleich stehst gegenüber den Ferien in Januar als in Dezember,
2. Es für dich kein Unterschied macht ob der Chef arbeitet oder nicht (Er bleibt arrogant),
3. Du auch Arroganz projektierst auf eine andere Person, sobald er beschliesst deine Ferien zu blockieren an Weihnachten

Schlussfolgerungen:

1. Du bist auf die Konstruktion deines eigenen Programms gestossen:
2. Dein Programm lautet: «Ich möchte selber entscheiden wann ich Ferien haben und vertrage es nicht, fremd gesteuert zu werden».
3. Mein Programm projektiert Arroganz auf den Anderen sobald dies passiert. Daraufhin reagiere ich mit Wut.

Dieses Programm von aussen betrachtet:

- Mein Programm, empfindet die Freiheit zur Ferien-Wahl als wichtiger als die Interessen vom Betrieb und Kollegen. Mein Programm ist also arrogant.
- Das gelebte Programm möchte etwas Rücksichtsloses und eventuell mit Gewalt (Wut) «Nehmen» und ist also eine Form von Gier. Diese Form von Gier hat die Entwicklungsstufe eines Kindes.

Fragen:

1. Wo/ Wieso habe ich dieses Programm übernommen / mir angeeignet?
2. Dieses Programm habe ich nicht um sonst gehandhabt. Es hat mir offenbar etwas gebracht in der Vergangenheit. Was? Bei wem?
3. Welche theoretischen Vor- und Nachteile hat dieses Programm?
4. Beispielsweise wird der Andere zum Gegner gemacht und es wird Druck ausgeübt. Dies hat einen Effekt auf Beziehungen.
5. Welche tatsächlichen Vor- und Nachteile habe ich erlebt?
6. Was würde passieren, wenn ich auf meinen Ferien bestehen würde, mich jedoch flexibel und rücksichtsvoll aufstelle gegenüber Chef und Kollegen bezüglich meiner Planung? (Erwachsenes Austragen von der veranlagten Emotion «Gier»)

Emotionale Neu-Programmierung (Dies funktioniert mittels Erfahrungen):

- Stelle deine Vorstellungen von: Weihnachts-Ferien, Ferien in Januar, deinen Kollegen und deinem Chef auf.
- Schenke deinem Chef und deinen Kollegen die Weihnachtsferien und empfange deine Ferien in Januar in gegenseitiges Einvernehmen.
- Was passiert mit deinen Vorstellungen von deinem Chef, Kollegen und Januar Ferien? Wie erlebst du die Beziehungen?
- Wie fühlst du dich?
- Setze es um im echten Leben
- Reflektiere bewusst im Nachhinein die Resultate, sowohl emotional als auch rational.

Schlussakkord und Danksagung

Mittels dieser Methodik ist es mir gelungen rational und emotional bewusst zu werden von:
- Mein eigenes Rollenspiel als Kind ggü meiner Mutter, wie ich damit eine unkonstruktive Vorstellung von Partner-Liebe entwickelte und nichts lernte aus mehreren gleichgestrickten Beziehungen über Jahrzehnten hinweg, obwohl alle den gleichen Ablauf und Ende hatten.
- Meine Defizite in Selbst-Liebe und Selbstvertrauen
- Meine, von mir selber zu wenig anerkannte Kreativität und Vorliebe für Feinheit, Details und Empathie
- Zudem blühte meine Veranlagung zu Schauspielen und kreativ Schreiben auf.
- Auch geniesse ich es jetzt, zu begehren und begehrt zu werden.

Für mich hat diese Methodik funktioniert. Wenn es dir auch hilft dann ist dies dein Erfolg. Letztendlich bist du derjenige der die Arbeit macht.

Ich selber bedanke mich bei allen Menschen mit unüblichen Ideen und aussergewöhnliche Ansichten. Zudem bei all meinen LehrerInnen in der Wissenschaft, Medizin, Soziologie, Psychologie, Philosophie, Kulturelle Anthropologie. Zudem bei Regisseuren, Schauspieler, religiöse Führer, Zauberkünstler und kreative Menschen mit denen ich in Kontakt kam. Sie alle zusammen haben es mir, auch mittels ihrer Publikationen ermöglicht, meinem Weg zu gehen und meine Passion (Die Suche nach Realität) zu leben. Es war und bleibt sehr interessant!!!

Nach dem Motto « pay it forward » werde ich dieses Buch veröffentlichen.

Ich wünsche dir alles Gute und viele hilfreiche Entdeckungen!

Bart Schoneveld

Haben Sie Lust reagieren? : hihep.bs@gmail.com

Verlag: BoD · Books on Demand GmbH, In de Tarpen 42,
22848 Norderstedt
Druck: Libri Plureos GmbH, Friedensallee 273, 22763 Hamburg
ISBN: 978-3-7693-1736-7